이 시대의
가치 있는 삶

이 시대의
가치 있는 삶

하 진 승

네비게이토 출판사

네비게이토 선교회는
국제적이며 복음적인 기독교 기관이다.
예수 그리스도께서는 자기를 따르는 자들에게
"너희는 가서 모든 족속으로 제자를 삼으라"
(마태복음 28:19)는 지상사명을 주셨다.
네비게이토 선교회는 세계 모든 국가에서
예수 그리스도의 일꾼들을 배가시켜
이 지상사명의 성취를 돕는 것을
근본 목표로 하고 있다.

네비게이토 출판사는
네비게이토 선교회의 문서 선교를 담당하고 있다.
본 출판사에서는 그리스도인의 영적 성장을 돕는
서적과 자료들을 출판하여,
그리스도인의 삶의 기초가 견고한
헌신된 제자로 성장하게 하고,
나아가 성숙한 인격과 지도력을 갖춘
일꾼이 되도록 돕고 있다.

저자: 하 진 승
      한국 네비게이토 선교회 원로회장

그러므로 너희가
그리스도 예수를 주로 받았으니
그 안에서 행하되 그 안에 뿌리를 박으며 세움을 입어
교훈을 받은 대로 믿음에 굳게 서서 감사함을 넘치게 하라.
누가 철학과 헛된 속임수로 너희를 노략할까 주의하라.
이것이 사람의 유전과 세상의 초등 학문을 좇음이요
그리스도를 좇음이 아니니라.
그 안에는 신성의 모든 충만이 육체로 거하시고
너희도 그 안에서 충만하여졌으니
그는 모든 정사와 권세의 머리시라.

그러므로 너희가 그리스도와 함께
다시 살리심을 받았으면 위엣 것을 찾으라.
거기는 그리스도께서 하나님 우편에 앉아 계시느니라.
위엣 것을 생각하고 땅엣 것을 생각지 말라.
이는 너희가 죽었고 너희 생명이 그리스도와 함께
하나님 안에 감취었음이니라.
우리 생명이신 그리스도께서 나타나실 그때에
너희도 그와 함께 영광 중에 나타나리라.

골로새서 2:6-10, 3:1-4

차 례

제 I 부 : 무엇을 위해 내 삶을 드릴 것인가
제 1 장 이 시대에 대한 다양한 기대와 전망 / 11
제 2 장 미지근한 신앙의 시대에 대한 경계 / 23
제 3 장 무엇을 위해 열정적으로 살아야 하는가 / 31
   1. 주님 / 35
   2. 성경 말씀 / 39
   3. 사람 / 43
      ◆ 사람을 얻는 지혜 / 47
      ◆ 인격 계발의 중요성 / 53
      ◆ 목표 성취를 위한 절제와 훈련 / 55
      ◆ 복음의 능력 / 60
제 4 장 어떻게 미지근한 삶을 극복할 수 있는가 / 65
   1. 말씀 안에 거할 때 미지근한 그리스도인이 되지 않는다 / 65
   2. 기도하는 그리스도인은 미지근하게 살지 않는다 / 80
   3. 배우는 삶을 즐기는 사람은 미지근해지지 않는다 / 86
   4. 선교에 드려질 때 미지근함을 버리고 열심을 유지하게 된다 / 99
   5. 선한 간증을 보이며 살아야 한다 / 109

제 Ⅱ 부 : 참된 만족의 기초
제 1 장   만족 고갈의 시대 / 123
제 2 장   그리스도인의 만족 / 129
　1. 룻과 하와 / 130
　2. 자신의 한계를 인정하라 / 136
　3. 주님 안에서 자랑하라 / 147
　4. 참된 만족의 근원 / 153

제 Ⅲ 부 : 차고 넘치는 삶
제 1 장   이 시대의 절망과 희망 / 165
제 2 장   차고 넘치는 그리스도인의 삶 / 179
　1. 여호와의 집에 심겼음이여 / 181
　　◆ 성별된 삶 / 183
　　◆ 하나님과의 올바른 관계 / 191
　2. 여호와의 궁정에서 흥왕하리로다 / 201
　3. 여호와의 정직하심을 나타내리로다 / 207
　　◆ 하나님의 약속의 확실성 / 208
　　◆ 그리스도 안의 축복의 풍성함 / 213
　　◆ 왕성한 영적 배가의 약속 / 215
　　◆ 선교사 파송 / 217
　4. 여호와는 나의 바위시라 / 218

제 I 부

무엇을 위해
내 삶을 드릴 것인가

제 1 장

이 시대에 대한
다양한 기대와 전망

처음 한국에서 네비게이토 선교회가 사역을 시작할 당시인 1960년대에 어떤 만화책에서는 2000년대가 되면 서울의 택시들이 땅 위를 달리는 것이 아니라 날개가 있어서 하늘을 날아다니는 모습으로 그리고 있었습니다. 또 당시에 상상하기로는 앞으로 2000년대가 되면 음식도 하루 세 끼를 번거롭게 먹는 것이 아니라 간단히 알약을 몇 개 먹는 것으로 해결할 것으로 예상하기도 했습니다. 그런데 아직 하늘을 나는 택시는 나오지 않았고 음식도 알약으로 해결하는 시대가 되지는 않았습니다. 그 당시에는 2000년이라는 말은 듣기만 해도 까마득하게 먼 미래로 여겨지고 우리 시대와는 아무

상관 없는 것처럼 느껴졌었는데, 드디어 우리가 그 까마득하게 여겨지던 2000년대를 맞이하였습니다. 우리말 중에 가끔 동작이 느리고 게으른 사람에게 "어느 천년에 그걸 하려고 그러느냐?" 하는 핀잔 어린 말을 하는 경우가 있습니다. 또 '천 년 묵은 여우'라는 말도 있습니다. 이럴 때 사용되는 천 년이라는 말은 사실 거의 일어날 것 같지 않은 일들을 표현할 때 사용하는 말인데, 우리는 지금 바로 이런 말들을 실감하는 시점에 서 있게 된 것입니다.

21세기를 맞이하면서 전 세계적으로 사람들은 무언가 특별한 일이 일어나는 것은 아닌가 하는 기대 속에 상당히 흥분된 분위기로 보냈습니다. 사람들은 이런 분위기 가운데 미래에 대하여 이전보다 대단히 깊은 관심을 갖게 되고, 이에 따라 각 나라들도 정부 차원에서 미래에 대한 연구에 깊은 관심을 보이고 적극적인 투자도 하였습니다. 미국은 2000년 위원회를, 영국은 2000년 인류위원회라는 기구를 설립하였고, 우리나라도 대통령 직속 기구로 21세기 위원회라는 기구를 설치했습니다. 게다가 21세기를 맞이하면서 영국 같은 나라에서는 어마어마한 규모의 밀레니엄돔(Millennium Dome)을 건축하기도 했습니다. 이렇게 정부 차원에서든 개인적 관심에서든 다들 나름대로의 가치 기준과 판단 기준을 가지고 현시대를 진단하고 미래를 직시해 보려고 애쓰고 있는 것 같습니다.

그러므로 대부분의 사람들도 우리 앞에 펼쳐진 21세기를 내다보면서 막연하지만 무언가 벅차면서도 무거운 마음의 짐을 느끼고 있는 것이 일반적인 정서라고 생각됩니다. 그러면 우리 그리스도인들은 과연 지금 21세기를 맞이하여 어떻게 앞을 내다보아야 하며 또한 무엇을 준비해야 하며 어떤 태도로 살아야 하겠습니까? 우리 앞에 다가올 문제는 무엇이며 그것에 대해 대처할 수 있는 방안은 과연 무엇입니까? 우리 그리스도인들은 이 시점에서 21세기에 대하여 막연한 기대와 근거 없는 벅찬 마음을 갖는 데에 그치지 말고 21세기에는 좀 더 구체적으로 무엇을 위해 사는 것이 가장 의미 있고 가치 있는 일인가를 생각해 보아야 합니다. 다시 말하면 하나님께서는 과연 이 시대를 사는 그리스도인들이 미래에 대한 어떤 전망을 가지고 또 어떤 가치관과 태도를 가지고 살아가기를 원하시는가 하는 관점에서 우리의 현재와 미래를 점검할 필요가 있습니다. 우리가 미래를 멀리서 내다보는 통찰력 있는 예시적 대책과 계획 없이 눈앞에 있는 일에만 몰두하다 보면 결국 밀어닥쳐 오는 미래의 새로운 물결에 밀려 침몰해 버리고 말 것입니다.

사람들은 21세기를 정보화 시대, 첨단 과학 시대, 혹은 스포츠를 종교처럼 여기는 시대 등, 각자의 관심에 따라 다양한 예측을 하곤 합니다. 어떤 사람은 심각한 환경 문제 때문에 환경 회복에 중점을 두는 시대가 될 것이라고 예견하는 사람도 있습니다. 또는 아마도 이 21세기는 과거 어느 시기보다도 많은 불안과 고통스런 일들이 일어날 것이라 내다보면서 사람들이 더욱 종교에 심취하는 시대가 될 것이라 예측하는 사람도 있습니다. 혹은 이제는 오랫동안 사람들이 그렇게도 추구해 오던 지위나 권세 같은 것에는 염증을 느끼게 되고 많은 사람들에게 인기를 얻는 것이 가장 매력 있는 삶이라 여기기 때문에 대중문화 예술의 지상주의 시대가 올 것이라고도 말합니다. 또 어떤 이는 탐미주의 시대가 될 것이라 예견하기도 하고, 혹은 경제력을 최고의 가치로 여기는 시대가 올 것이라는 등 다양한 예측을 하며 나름대로의 주장을 펼치고 있습니다.

또 일부에서는 이 21세기를 핑크 칼라(Pink Collar) 시대가 될 것이라 예측하는 사람도 있습니다. 핑크 칼라라는 말은 노동직을 의미하는 블루 칼라(Blue Collar), 사무직을 의미하는 화이트 칼라(White Collar) 등의 용어에 대비되는 표현으로서 여성 시대를 의미하는 용어로 사용하고 있습니다. 정보화 시대가 되면서 이제는 남성의 근력이 많이 필요한 것이 아니고 여성적인 섬세하고 꼼꼼한 기술이 더 필요하므로 여성 인력이 매우 중요시되는 그런 시대가 온다는 말입니다. 그뿐만 아니라 많은 나라들에서 가부장적 문화가 바뀌면서 여성의 지위는 날로 상승하고 있는 추세입니다. 실제 세계의 정치계만 보더라도 우먼파워의 저력이 서서히 꿈틀거리고 있는 것을 알 수 있습니다.

　지난 2000년에는 핀란드 사상 첫 여성 대통령이 나오게 되었는데, 이미 세계 전체적으로 보면 대통령이나 수상 등 국가 원수나 정부 수반을 맡고 있는 여성이 여러 명이나 됩니다. 또 일반적으로 여자들이 별로 사회적 활동력을 발휘하지 못한다고 알려져 있는 일본의 경우에도 오사카 도지사로 여성이 당선되기도 했습니다. 인도나 스리랑카는 상당히 오래 전부터 여성이 수상이나 대통령직을 맡기도 하였습니다. 또 오랫동안 여성이 억압되어 온 이란에서도 총선을 실시했는데 전에 없이 여성 출마자들이 엄청나게 많았다고 합니다. 이런 모든 정황들이 이 21세기는 여성 시대가 될 것이라는 예측을 하기에 충분한 근거가 되고 있는 것 같습니다. 최근에 우리나라의 경우에도 여러 차례 선거를 치르면서 관찰되는 바로는 대부분의 출마자들이 방송이나 유세장에서 여성에 대한 어떤 이슈가 나오면 그에 대해 반대하는 말을 거의 하지 않고 다 고개를 끄덕이며 동의해 줍니다. 그만큼 출마자들이 표로 나타나는 우먼파워를 의식하게 되었기 때문입니다.

또 어떤 사람들은 이 시대를 퓨전(fusion) 시대라고 하기도 합니다. 퓨전이라는 말은 원래 물리학 등에서 주로 사용하는 말로서 융합이라는 뜻입니다. 예를 들면, 핵융합을 뉴클리어 퓨전(nuclear fusion)이라고 합니다. 그러므로 퓨전 시대라는 표현은 단어적 의미로는 정확하게 사용되고 있는 것 같지는 않습니다. 그러나 그것이 표현하고자 하는 의도는 충분히 이해가 됩니다.

사실 지금 우리가 살고 있는 시대는 온갖 것이 공존하며 융합되어 있는 시대라고 할 만합니다. 패션을 보면, 옛날에는 어떤 특정한 스타일이 얼마 동안 유행되다가 새로운 스타일이 나오면 이전 스타일은 없어지고 새로운 스타일만 남게 되곤 했는데, 요즈음은 그렇지 않습니다. 모든 스타일이 한꺼번에 공존하며 혼합되어 있는 듯합니다. 긴 머리 짧은 머리가 함께 뒤섞여 있고, 긴 옷 짧은 옷, 좁은 바지 헐렁한 바지 등이 함께 공존합니다. 위는 한복이고 아래는 양복으로 된 복장도 있습니다. 머리 염색한 색깔도 가지각색입니다.

지금은 제멋대로의 시대이며 또한 모든 것이 동존하고 공생하는 다양성의 시대가 되었습니다. 옛날에는 어떤 한두 개의 스타일만이 존재하는 시대였기 때문에 이것은 좋다 저것은 나쁘다는 평가가 가능했습니다. 그런데 지금은 온갖 스타일이 동시에 병존하는 시대가 되었기 때문에 무엇이 좋고 무엇이 나쁜지 분간할 수 없는 그런 시대가 된 것입니다.

이것은 우리의 복장이나 어떤 스타일의 문제에서만 아니라, 사람들의 사고방식이라든지 철학, 가치관 등 모든 일에서도 온갖 것이 한꺼번에 쏟아져 나와서 공존 내지 융합하고 있기 때문에, 이런 퓨전 시대에는 흑백을 가리기가 곤란해지고, 옳고 그른 것과 좋고 나쁜 것을 분별하기가 매우 혼란스럽게 됩니다.

우리의 식생활의 경우를 보더라도 음식 문화에 퓨전 시대가 왔다는 생각이 듭니다. 한식, 중식, 일식, 양식 등이 구별 없이 한꺼번에 혼합되어 어떤 특성이 없는 음식을 만들어 먹곤 하는 것입니다. 음악의 경우에도 서양 음악과 국악을 융합시킨 퓨전 음악을 시도하는 사람들이 있습니다. 이런 예술 분야를 포함하여 수많은 인간 활동의 영역에서 퓨전 스타일이 시도되고 있습니다.

이런 퓨전 시대에 살고 있는 사람들은 거의 동시기에 쏟아져 나오는 각양각색의 철학과 학문들 또는 종교의 이론이나 교리들에 대해 어떤 것이 옳고 어떤 것이 정당한 것이며 무엇을 따라가야 하는가에 대해 점점 더 혼돈되고 애매모호하게 되는 것입니다. 이런 환경에서 사람들은 자연적으로 다원화 논리를 인정하는 것이 가장 개혁적인 사람이며 시대적 감각을 가진 진보적인 사람이라고 생각하게 됩니다. 그리고 진보적이고 개혁적인 것으로 보이는 것은 다 선한 것으로 생각하게 만듭니다. 그래서 만약 어떤 사람이 어떤 특정한 한 가지를 옳다고 주장하면, 그 말은 다른 것은 틀렸다고 주장하는 것으로 들리기 때문에, 그의 그런 주장은 자동적으로 다른 사람들로부터 논박 내지는 배격을 받는 그런 시대가 된 것입니다.

한번은 세 살짜리 우리 손자를 데리고 피자집에 간 적이 있었습니다. 우리 가족들이 한 식탁에 앉아 식사를 하고 있었고 그 옆 식탁에는 다른 가족이 식사를 하고 있었는데 그중에 아이 하나가 정신없이 식당 이곳저곳을 돌아다니며 소리를 지르기도 하고 식기를 둘러엎기도 하는 등 매우 소란을 피우고 있었습니다. 특히 그들 바로 옆자리에 앉은 우리에게는 여간 방해가 되는 것이 아니었습니다.

그런데 우리 손자는 가만히 제자리에 앉아서 물끄러미 그 소란 피우는 아이만 계속 쳐다보고 있었습니다. 나는 속으로 '저런 소란스럽고 버릇없는 아이에 비하면 우리 손자는 제법 얌전하고 참으로 기특하기도 하구나' 하고 생각하였습니다. 또 손자가 잠시도 눈을 다른 데로 돌리지 않고 그 아이만을 계속 바라보고 있는 것으로 보아 틀림없이 시끄러운 아이를 좋지 않게 생각하고 있을 거라고 내심 추측하면서 우리 손자에 대해 자못 흡족하게 생각하고 있었습니다.

 그런데 그 아이의 부모가 여러 번 제지를 하다가 결국은 아버지가 참지 못하고 화를 내면서 아이를 붙잡아 번쩍 들더니 엉덩이를 몇 차례 때려 주었습니다. 아이는 끄응 소리를 내더니 드디어 조용해졌습니다. 그러는 동안에도 우리 손자는 계속 그들의 좌석만 주시하고 있었습니다. 조금 후에 그 가족은 빠른 속도로 식사를 마치고 식당을 나갔습니다. 그들이 자리를 떠나자마자 우리 손자는 눈을 동그랗게 뜨고 나를 바라보며 조용하게 이렇게 말했습니다. "나쁜 아저씨 갔다!"

 그의 이 말은 우리로서는 전혀 예상치 못한 것이었습니다. 사실 우리는 그 떠들던 아이가 하도 소란을 피우는 바람에 신경이 거슬리고 마음이 몹시 불편했었기 때문에 그 소란스러운 아이가 간 것을 다행으로 여겼었습니다. 그리고 당연히 우리 손자도 그것을 좋아할 줄 알았는데, 엉뚱하게도 그 아이의 아버지를 나쁜 아저씨로 여겼고 또 그 나쁜 아저씨가 나간 것을 다행스럽게 여기는 것이었습니다. 아이에게는 자기 나름대로의 기준과 생각이 있었고 그 기준으로 상황을 판단했던 것이었습니다. 그런데 우리 어른들은 어떻습니까? 많은 경우 어른들도 이렇게 어린아이처럼 자기가 처한 상황에서 상식적이고 보편적인 판단이 아닌 각자 자기 처지와 입장에 따라서 자신에게 유리한 쪽으로 혹은 자기가 좋아하는 대로 판단하며 생각하고 표현하는 경향이 있지 않습니까? 갈수록 각 개인의 생각과 견해는 더욱 복잡 다양해져 가고 있습니다. 세상의 인구만큼이나 서로 다른 사고방식으로 살게 될지도 모릅니다.

이렇듯 우리는 지금 서로 다른 철학과 개념이 공존하고 있고 모든 가치관이 뒤섞여 있으며 동서의 문화가 반죽처럼 혼합되었고 모든 사고방식과 취향이 구별이 없는 퓨전 시대에 살고 있습니다. 역사성도, 국적도, 뿌리도 없는 정신적 산물들이 매일같이 쏟아져 나와 뒤엉켜 있습니다. 마치 정글 속에 복잡하게 뒤엉켜 있는 넝쿨 같은 퓨전 시대를 우리는 살고 있습니다. 그래서 이 퓨전이 지나치게 되면 결국 '컨퓨전'(confusion) 즉 혼돈이 되고 말 것입니다.

이런 시대에 우리 그리스도인들은 무엇으로 판단의 기준과 기초를 삼고 살아야 하겠습니까? 무엇을 근거로 미래를 내다보며 살아야 합니까? 단순히 현재 우리 주변에서 일어나고 있는 어떤 특징적인 현상들을 기초로 하여 내다봐야 하겠습니까? 결코 그렇지 않습니다. 세상이 어떻게 하든지 오직 우리의 최선의 길은 이런 복잡다단하고 혼돈된 시대에도 언제나 변치 않는 하나님의 말씀의 진리를 기준으로 한 신앙적 미래 예측을 해야 합니다. 성서적 가치관으로 미래를 내다보고 말씀의 기초 위에서 모든 해답을 찾을 수 있을 때 이 세상의 극한 혼돈과 무질서한 어두움에서 벗어나게 되고 가치 있고 빛 된 삶을 살 수 있게 될 것입니다.

제 2 장

미지근한 신앙의 시대에 대한 경계

  요한계시록 2장부터 3장까지는 소아시아 지방의 일곱 교회들에 대해 차례로 각 교회들의 칭찬할 만한 점들과 문제점들을 지적하고 있는 내용이 나옵니다. 이 교회들에 대하여 지적한 내용들은 당시의 교회들의 상태뿐만 아니라 미래의 그리스도인들의 상태를 예시할 수 있는 통찰력을 주고 있으며, 특별히 마지막에 언급된 라오디게아 교회는 21세기의 그리스도인들의 상태를 내다보는 데에 많은 도움이 된다고 생각합니다.

  라오디게아는 소아시아를 관통하는 도로들이 서로 교차하는 지점에 위치하고 있었기 때문에 통상과 행정의 중심지 역할을 했으며 고가의 직물 제조 판매가 매우 발달하였고 또 당시에 이미 안약이 언급될(요한계시록 3:18) 정도로 의학이 발달되었고 의술 학교까지 있었습니다. 그뿐 아니라 활발한 상거래로 금융업의 중심지가 되기도 했습니다. AD 60년의 대지진으로 성읍이 파괴되었으나 시민들은 국고의 보조를 거절하고 독자적인 힘으로 다시 부흥시킴으로써 그들의 부를 과시했습니다. 요한계시록 3:17에도 "나는 부자라. 부요하여 부족한 것이 없다"라고 기록된 것을 보면 과연 그들의 부는 대단했던 것 같습니다. 바로 이런 도시에 위치한 라오디게아 교회는 이러한 물질적 부요함을 배경으로 하여 어느새 세상적 가치를 추구하는 세속적인 교회가 되어 버렸습니다. 영적 생기가 없고 미지근하였습니다. 벌거벗은 수치스러운 상태였으나 깨닫지 못하고 있었습니다. 주님께서는 이러한 라오디게아 교회에 대하여 다음과 같이 경고하셨습니다.

> 내가 네 행위를 아노니 네가 차지도 아니하고 더웁지도 아니하도다. 네가 차든지 더웁든지 하기를 원하노라. (요한계시록 3:15)

그런데 지금 2000년대를 살고 있는 우리의 영적 상태는 어떻습니까? 라오디게아 교회의 문제를 옛날의 한 교회의 문제로만 덮어 두고 넘어갈 수 있겠습니까?

우리가 살고 있는 이 시대는 갈수록 그리스도인들이 영적 다이내믹스(dynamics)를 잃어 가고 있고, 성경의 권위를 인정하는 것보다 세상적 이론에 더 귀를 기울이고 있으며, 종교와 정치가 야합하고 있고, 신앙과 세상 철학이 혼합되어 가고 있는 혼란스러운 시대입니다. 바로 라오디게아 교인들 같은 신앙생활을 하는 시대가 되어 가고 있는 것입니다. 그리하여 하나님보다는 인간이 주재권을 차지하고, 하나님 중심의 신앙은 오히려 비인간적인 것이라고 매도하든지 혹은 배타적인 인간을 만드는 것이라고 낙인을 찍어 버리는 그러한 시대가 된 것입니다. 인본주의적인 화합과 조화를 위해서라면 누구와도 타협하는 사람을 가장 신사적인 사람으로 가치를 매기는 주장이 갈수록 설득력과 공감을 얻어 가고 있는 현실입니다.

이런 것은 세상 사람들이 그렇게 하는 것도 있지만 오히려 기독교인들 스스로가 이런 일에 앞장서는 경우들이 있는 것이 더욱 심각한 문제입니다. 이러한 이론을 주장하는 학자들도 많아졌고 이러한 사고방식을 가진 종교 지도자들도 많아졌습니다. 그래서 그들 중에는 종교를 초월하여 인간 화합을 도모한다는 명분 아래 비성서적인 개념들과 동조 및 융합되어 가도록 조장하는 논리를 펴고 있어 많은 그리스도인들이 이 영향을 받기도 하고 혼란스러워하기도 합니다. 결국 그들이 시도하는 바는 하나님이 주인이 되는 것이 아니라 인간이 주인이 되도록 만들고자 하는 데 있습니다. 그들은 인간이 주인이 되도록 가르치는 종교가 가장 관용적이고 포용력이 있는 종교라고 보고 있습니다. 그리스도인들이 이런 풍조 속에 오랫동안 살아가다 보면 자연스럽게 라오디게아 교인들처럼 미지근해질 수밖에 없는 것입니다.

앞으로는 사람들이 대체로 미지근한 종교인들에 대하여는 타협할 줄 아는 인격적인 신앙을 가진 사람이며 신사적이고 합리적이고 남을 잘 포용해 주는 사람이라고 여기게 될 것이기 때문에 이런 사람들에 대해 더욱 호감을 갖게 될 것입니다. 반면에 열정적인 뜨거운 신앙을 가진 사람에 대해서는 폐쇄적이고 배타적이라고 비난하는 경향이 더욱 극대화되어 갈 것입니다. 자기 것을 주장하지 않고 모든 것을 인정해 주며 적당히 미지근하게 두루뭉술하게 사는 종교인들의 태도에 대해서는 오히려 성인다운 종교인의 면모라고 칭찬을 해줄 것입니다. 이런 분위기의 압력 때문에 앞으로 세월이 지날수록 더욱 많은 그리스도인들이 미지근한 신앙을 선호하게 될 것입니다. 그래서 영적 시야로 내다보는 21세기의 특징 중 하나는 바로 미지근한 신앙의 시대가 올 것이라는 것입니다.

어느 누구도 뜨겁지도 차지도 않아야 타협이 가능합니다. 미지근해야 남에게 부담을 주지 않고 화합할 수 있는 길을 찾을 수 있습니다. 그러므로 앞으로 미지근함이란 세상 사람들의 인간관계에서 성공하는 데 매우 효과적인 처세술로 등장할 것입니다. 만약 유일하신 여호와 하나님이 안 계신다면 아마도 인간이 할 수 있는 최상의 길이란 그렇게 모든 종교를 포용하고 이해하며 서로 받아 주고 대화하며 함께 걸어가는 것이라고 생각할 수도 있습니다. 하지만 유일하신 하나님이 계시기 때문에 우리는 그렇게 할 수는 없습니다.

  바벨탑을 쌓을 당시의 인간의 모습을 좀 생각해 보십시오. 그 당시 바벨탑을 쌓던 사람들은 지금까지 이 지구상의 인류 역사에서 볼 수 있었던 어떤 연합된 모습보다도 모범적인 것이었습니다. 그들은 마음이 하나였고 목표가 하나였고 뜻이 하나였습니다. 언어도 하나였습니다. 그들은 서로의 모든 것을 포용하며 연합한 가운데서 전 인류 차원의 엄청난 일을 추진하였습니다. 이들의 연합된 모습은 인간 중심의 관점에서 볼 것 같으면 가장 온전하고 완벽한 하나 됨의 상태였습니다.

  그럼에도 불구하고 하나님께서는 그들을 축복하시지도 않았고 또 그들이 추진하던 일이 성취되도록 허락하시지도 않았습니다. 왜냐하면 그들의 연합의 목적은 힘을 모아 여호와 하나님을 높이고 찬양과 경배를 드리기 위해서가 아니라 오히려 교만해져서 자신들의 이름을 나타내려는 데 있었기 때문입니다. 그들의 교만은 바벨

탑의 높이처럼 치솟아 올라갔습니다. 이렇게 높은 탑을 완성하게 되면 앞으로 어떤 홍수가 다시 밀어닥쳐 와도 자신들이 안전하게 살아남을 것이라 생각했을 것입니다. 인간들끼리의 힘으로 하나님 없이 살아가는 길을 찾아보려고 시도한 것이었습니다. 결국 하나님을 대적하는 데 목표를 둔 것이었습니다.

그러므로 우리의 비타협은 인격의 문제가 아닙니다. 인격에 문제가 있어서 타협하지 못하는 것이 아니라 진리와 비진리가 타협할 수 없기 때문에 그런 것입니다. 우리는 모든 사람을 존귀하게 여기고 사랑해야 합니다. 또 모든 사람을 섬기는 인격으로 살아야 합니다. 우리의 이웃이나 학교 또는 직장에서, 우리가 만나는 사람들이 어떤 종교에 속해 있든지 어떤 철학을 근거로 하여 살아가든지 우리의 사회생활 속에서의 인간관계는 모두와 화합하고 협력하며 친절하고 좋은 관계 가운데서 함께 일하며 함께 살아갈 줄 알아야 합니다. 그러나 비진리와 타협할 수는 없습니다. 사람을 사랑하는 것과 비진리나 우상을 인정해 주고 따라가는 것과는 별개의 문제입니다. 하나님의 자녀가 불신의 멍에를 함께 짊어질 수는 없는 것입니다.

하나님께서는 16절 말씀에서, "네가 이같이 미지근하여 더웁지도 아니하고 차지도 아니하니 내 입에서 너를 토하여 내치리라"라고 엄중히 경고하고 계십니다. 몹시

추운 겨울날 김이 모락모락 나는 따끈한 차나 커피 한 잔을 마시려 하는데 이미 식어서 미지근해진 것을 한 모금 입에 넣었을 때 그 기분을 상상해 보십시오. 땀 흘려 힘든 일을 마친 후 시원한 냉수 한 사발을 벌컥벌컥 마시고 싶은데 처음 입 속에 들어온 물이 미적지근한 물일 때 그 기분을 상상해 보십시오. 뱉어 버리고 싶지 않겠습니까? 청량음료를 냉장고에서 금방 꺼내 이미 차가운데도 그 속에다 얼음을 몇 조각씩 더 넣는 우리가 아닙니까? 더 시원하기를 원하기 때문입니다. 그런데 어쩌다 한참 이야기에 빠져 마시는 것을 잊고 있다가 문득 다시 잔을 들어 마셨을 때 벌써 미지근해진 그 맛이란 얼마나 기분 나쁩니까? 역겹기까지 할 때도 있습니다. 정확하게 바로 그러한 기분을 하나님께 느끼게 하는 미지근한 그리스도인들이 얼마나 많습니까?

그러므로 우리는 지금 21세기를 맞이한 그리스도인으로서 이 세상을 살아갈 때에 하나님께서 토하여 내치고 싶은 미지근한 상태에 머물러 있어서는 안 되겠습니다. 하나님께서 역겨워하시는 태도와 사고방식에서 벗어나야 합니다. 이것은 하나님의 말씀입니다. 하나님께서는 "그러므로 네가 열심을 내라. 회개하라"(요한계시록 3:19)라고 말씀하고 계십니다.

제 3 장

무엇을 위해
열정적으로 살아야 하는가

우리 앞에 어떤 가치 있는 삶이 있기에 미지근함을 버려야 합니까? 과연 무엇을 위하여 미지근하지 않고 열정적인 삶을 살아야겠습니까? 이에 대하여는 우리가 여러 측면에서 생각해 볼 수 있겠지만, 우선 고린도전서 3:10-15 말씀을 기초로 하여 좀 더 구체적으로 생각해 보도록 하겠습니다.

> 내게 주신 하나님의 은혜를 따라 내가 지혜로운 건축자와 같이 터를 닦아 두매 다른 이가 그 위에 세우나, 그러나 각각 어떻게 그 위에 세우기를 조심할지니라. 이 닦아 둔 것 외에 능히 다른 터를

닦아 둘 자가 없으니 이 터는 곧 예수 그리스도라. 만일 누구든지 금이나 은이나 보석이나 나무나 풀이나 짚으로 이 터 위에 세우면 각각 공력이 나타날 터인데, 그날이 공력을 밝히리니 이는 불로 나타내고 그 불이 각 사람의 공력이 어떠한 것을 시험할 것임이니라. 만일 누구든지 그 위에 세운 공력이 그대로 있으면 상을 받고, 누구든지 공력이 불타면 해를 받으리니, 그러나 자기는 구원을 얻되 불 가운데서 얻은 것 같으리라.

이 말씀에 나오는 내용 중 우리가 특별히 주목해야 할 중요한 단어 중 하나는 '터'입니다. 사도 바울은 고린도에서 1년 6개월을 머물며 복음을 전함으로(사도행전 18:1-11 참조) 고린도 교회의 터를 닦아 놓았습니다. 이 터는 예수 그리스도를 의미하는 것입니다. 예수 그리스도 외에 다른 터는 있을 수 없습니다. 그런데 이제 다른 사람들이 와서 이 닦아 둔 터 위에 그리스도의 몸 된 교회를 세워 나가는 과정의 일을 하게 될 터인데 각각 어떻게 그 위에 세우기를 조심하라고 경고하고 있습니다. 모든 그리스도인의 몸은 하나님의 살아 있는 성전(고린도전서 3:16-17 참조)이며, 또한 우리는 예수 그리스도의 터 위에 성전을 건축하는 일꾼입니다. 이 기초 위에 모든 그리스도인은 자기 삶을 통해서 그리스도의 몸 된 교회를 세우는 일을 하게 됩니다. 자기가 의식을 하든 의식을 하지 못하든 간에 일생 동안 자기 삶 전체를 통해서 이 터 위에 무엇인가의 재료로 세우는 일을 하게 되는 것입니다.

그런데 본문의 말씀에서 어떤 그리스도인들은 건축을 할 때 나무, 풀, 짚 따위로 짓는다고 했습니다. 이런 건축 재료들은 일반적으로 구하기가 쉽고 또 다루기도 비교적 쉽다는 공통점이 있습니다. 그런 재료를 사용하면 **빨리 건물을 완성할 수 있습니다.** 빠른 시일 안에 많은 사람들의 눈에 띄는 큰 건물을 지을 수가 있습니다. 그렇기 때문에 대부분의 그리스도인들은 이런 재료로 건축을 하는 것을 선호합니다. 반면에 어떤 그리스도인들은 금이나 은이나 보석을 재료로 하여 건물을 짓습니다. 그런데 이런 재료들의 공통점은 우선 구하기가 어려우며 값이 매우 비싸고 다루기도 어렵습니다. 그래서 사람들은 이런 재료가 좋다는 것은 인정하면서도 이런 재료를 사용하여 건축하는 방법은 기피하게 되는 것입니다.

여기서 금, 은 및 보석이 각각 무엇을 의미하느냐에 대해서는 서로 다른 해석들이 있습니다. 그 각각의 항목이 정확히 무엇을 의미하는지에 대하여는 의견이 조금씩 다르다고 할지라도, 이 말씀에서 우리가 공통적으로 이해할 수 있는 명확한 한 가지는 곧 건물을 짓는 재료 중 나무, 풀, 짚 등은 불타 없어지는 영원하지 못한 것이라는 사실과, 뒤에 나오는 금, 은, 보석 등의 재료는 불로 심판할 때 불타 없어지지 않는 영원한 것이라는 점입니다. 한 가지는 영원한 것이며 다른 한 가지는 영원하지 못한 것이라는 차이가 있다는 것을 성경 본문 말씀이 이미 설명하고 있습니다. 그러므로 우리는 구태여 다른 해석으로 확대시켜 보려고 애쓰기보다는 분명하게 확인할 수 있는 이 한 가지 사실에 우선 주의를 기울이는 것이 중요하다고 생각됩니다.

  많은 사람들은 자기 삶을 통해서 건축을 할 때, 빠르고 쉬운 방법, 또한 사람들 눈에 잘 띄는 그런 방법에 매력을 느끼기 때문에 짚, 풀, 나무 같은 재료로 집을 짓습니다. 그러나 사람들이 주로 선택하는, 이런 쉽게 구할 수 있는 것들이란 결국 부차적이고 후차적인 가치를 지닌 것들을 의미한다는 사실입니다. 그럼에도 불구하고 많은 그리스도인들은 그들이 마땅히 해야 할 가장 우선적인 일보다는, 오히려 세상적으로 널리 인정받는 일, 혹은 조금만 성공적으로 잘하면 신문, 방송, 잡지 등에 기사화되어 자기 공적이 세상에 알려지게 되고 사회적 유명 인사가 될 수 있는 그러한 일들에 큰 매력을 느끼고 있습니다.

  이에 반하여 영원한 것을 위해서 사는 삶, 즉 금이나 은이나 혹은 보석으로 건물을 짓는 것과 같은 삶은 사람들 눈에 별로 뜨이지도 않고 인기가 없을 뿐더러 외롭고 힘든 삶입니다. 이것은 바로 영원한 하나님의 말씀을 중심으로 한 복음주의적인 삶과 사역입니다. 하나님의 약속과 비전을 따라 제자삼고 일꾼을 배가하는 사역에 드려지는 삶입니다. 이러한 삶은 사람들에게 호평을 받지도 못할 뿐만 아니라 많은 사람들에게 오히려 공격과 배격을 당하는 경우가 많습니다. 그럴 때에 우리는 두려워하고 주눅이 들게 되며 자신이 굳이 이런 힘든 삶을 살아야 하는가 후회하거나 회의에 빠질 때도 흔히 있습니다.

그러나 이러한 갈등이 생길 때 분명히 기억해야 할 한 가지는 하나님의 심판은 틀림없이 온다는 사실입니다. 이 심판의 날은 우리의 삶에 대하여 사람들이 평가하는 것이 아니라 하나님께서 평가하시는 결산의 날입니다. 그리하여 영원한 것으로 세운 것과 영원하지 못한 것으로 세운 것의 결과가 반드시 드러나게 되는 것입니다. 그러면 과연 영원한 것은 실제로 무엇입니까?

1. 주님

예레미야 10:9-10에 보면, 다른 우상들은 사람들의 공교한 손재주로 파고 칠하고 장식해서 만든 것에 불과하지만, "오직 여호와는 참 하나님이시요 사시는 하나님이시요 영원한 왕이시라"라고 하나님의 영원하심을 말씀하고 있습니다. 시편 90:2에서도 산이나 땅이나 세계를 주님께서 지으시기 전부터 곧 "영원부터 영원까지 주는 하나님이시니이다"라고 하나님의 영원하심을 말씀하고 있습니다. 또 히브리서 1:11-12에서는 시편 102:25-27 말씀을 인용하여 주님의 영원하심을 증거하고 있습니다. 우리에게 그렇게도 신비롭고 장엄한 천지도 결국 멸망할 것이지만 "오직 주는 영존할" 것이라고 말씀하고 있습니다. 또 연이어 옷에 대해서도 언급하고 있습니다. 우리가 멋있는 옷을 만들어 입으면 인물이 갑자기 훤해집니다. 옷 때문에 그 신분도 달라져 보입니다. 그러나 아무리 멋있고 좋은 옷이라 할지라도 곧 낡아지고 변하게 마련입니다. 그러나 우리 주님은 영존하시며 여전하시고 연대가 다함이 없다고 증거하고 있습니다.

어느 날 예수님께서 유대인들과 말씀하시는 중에 "너희 조상 아브라함은 나의 때 볼 것을 즐거워하다가 보고 기뻐하였느니라"(요한복음 8:56)라고 대답하시자, 유대인들은 도무지 이해가 되지 않았습니다. 그들은 예수님의 입을 막아 버릴 수 있을 거라고 생각하고 다음과 같이 반박 질문을 하였습니다. "네가 아직 오십도 못 되었는데 아브라함을 보았느냐?"(57절). 이 질문은 참으로 꼼짝 못하게 할 만한 일격이었습니다. 사실 아브라함은 노아의 12세손으로서 노아 홍수 후 3백 년경 사람인

데 예수님보다 약 2,000여 년 전에 살던 사람이기 때문에, 아브라함이 예수님의 때를 보고 기뻐하였다는 말씀은 유대인의 시각으로는 거짓말이라는 것입니다. 그러나 예수님께서는 58절에서 "진실로 진실로 너희에게 이르노니, 아브라함이 나기 전부터 내가 있느니라"라고 대답하셨습니다. 영어 번역으로는 "Before Abraham was, I am."이라고 되어 있습니다. 이 문장은 언뜻 보면 문법상 시제가 이상하게 보일 수 있습니다. 통상의 문법에 맞게 쓰려면 "내가 있었느니라"라고 해야 될 것입니다. 그러나 "내가 있느니라"라고 말씀하신 것은 예수님의 신성으로서의 영원하심을 나타내는 참으로 놀라운 표현입니다. 아브라함이 태어나기 전뿐만 아니라 천지가 창조되기 전인 영원 전부터 예수님께서는 스스로 계시는 분입니다. 시간을 초월하여 언제나 영원히 계시는 하나님이십니다.

히브리서 13:8에도 "예수 그리스도는 어제나 오늘이나 영원토록 동일하시니라"라고 증거하고 있습니다. 세상이 바뀌고 모든 것이 바뀌며 심지어는 기독교까지 바뀐다 할지라도 우리가 믿고 있는 주님은 어제나 오늘이나 영원토록 동일하십니다. 그러므로 우리는 이 21세기에도 영원하신 주님, 변함없이 여상하시고 무궁하신 주님과 긴밀하게 교제하며 동행하는 삶을 누려야 합니다. 그분을 더 깊이 알아 가는 삶이 우리에게 가장 가치 있고 기쁨이 넘치는 삶이라는 것을 경험해야 합니다.

> "그러므로 우리가 여호와를 알자. 힘써 여호와를 알자. 그의 나오심은 새벽빛같이 일정하니, 비와 같이, 땅을 적시는 늦은 비와 같이 우리에게 임하시리라" 하리라. (호세아 6:3)

이 말씀과 같이 힘써 하나님을 알아 가야겠습니다. 성경 말씀을 통해서 힘써 하나님을 알아 가고, 삶과 사역에서의 순종의 경험을 통해서 하나님을 알아 가야겠습니다.

> 우리 주 예수 그리스도의 하나님, 영광의 아버지께서 지혜와 계시의 정신을 너희에게 주사 하나님을 알게 하시고, 너희 마음눈을 밝히사, 그의 부르심의 소망이 무엇이며, 성도 안에서 그 기업의 영광의 풍성이 무엇이며, 그의 힘의 강력으로 역사하심을 따라 믿는 우리에게 베푸신 능력의 지극히 크심이 어떤 것을 너희로 알게 하시기를 구하노라. (에베소서 1:17-19)

이 말씀과 같이 영원하신 주님께 속한 깊고 놀라운 것들을 더욱 풍성히 알아 가도록 기도해야 합니다.

2. 성경 말씀

> 천지는 없어지겠으나 내 말은 없어지지 아니하리라. (마태복음 24:35)

하늘과 땅과 거기에 속한 모든 것들과 그 안에서 인간이 만들어 놓은 모든 문명의 이기들이나 철학, 가치관, 이론, 그리고 더 나아가 사람들이 그렇게도 훌륭하다고 칭찬하였던 그리스도인들이 쌓아 놓은 공적들까지도 다 없어질 수 있지만, 하나님의 말씀은 없어지지 아니하고 영원하다고 하였습니다. 그렇다면 우리는 무엇을 붙들고 살아야겠습니까? 변함없는 하나님의 말씀을 붙들고 사는 것이 당연한 것입니다.

베드로전서 1:24-25에도, "그러므로 모든 육체는 풀과 같고 그 모든 영광이 풀의 꽃과 같으니 풀은 마르고 꽃은 떨어지되 오직 주의 말씀은 세세토록 있도다 하였으니, 너희에게 전한 복음이 곧 이 말씀이니라"라고 하였습니다. 사람들이 이루어 놓은 모든 것, 즉 그들의 공적, 그들의 행위, 그들의 모든 역사 등이 한때 아무리 찬란하고 영광스럽게 보일지라도, 이런 모든 것들은 다 풀의 꽃과 같이 시들고 말라지며 떨어져 없어져 버릴 것들입니다. 그러나 주님의 말씀은 세세토록 있습니다. 그러므로 이 영원한 말씀에 뿌리를 내리는 것이 인생의 가장 현명한 선택인 것입니다.

우리가 하나님의 말씀이 이처럼 영원하고 변함없다는 것을 믿는다면, 우리는 히브리서 13:9의 교훈처럼 여러 가지 다른 교훈에 끌리지 말아야 합니다. 요즈음에는 참으로 많은 교훈과 이론과 주장들이 넘치고 있습니다. 그런 것들을 들어 보면 얼마나 귀가 솔깃해지는지 모릅니다. 그런 것을 모르고 있는 자신을 보면 스스로 무식하고 초라하게 느껴지기도 하고 때로는 열등감에 빠지게도 됩니다. 이 히브리서 말씀이 기록되던 당시에도 많은 유식한 학자들이 사람들의 마음을 흔들어 놓는 일들이 자주 있었습니다. 그래서 많은 사람들이 그들의 그럴듯한 교훈에 미혹을 받았고 방향 없이 끌려다녔습니다. 이런 일은 오늘날에도 계속되고 있습니다. 많은 무리의 사람들이 허울 좋은 이론과 주장들에 많은 시간을 낭비하며 이끌려 다니는 것을 봅니다. 그러나 우리는 이 성경의 교훈을 기억하며 영원한 말씀 위에 굳건히 서서 다른 교훈에 끌려다니지 말아야 합니다.

디모데후서 3:13-14은 이러한 세상의 도전에 직면하고 있는 우리가 어떤 믿음으로 사는 것이 가장 합당하고 지혜로운가에 대하여 말씀하고 있습니다. "악한 사람들과 속이는 자들은 더욱 악하여져서 속이기도 하고 속기도 하나니, 그러나 너는 배우고 확신한 일에 거하라." 또 16절에, "모든 성경은 하나님의 감동으로 된 것으로 교훈과 책망과 바르게 함과 의로 교육하기에 유익 하니"라고 말씀하고 있는 바와 같이 성경은 우리 삶의 모든 영역의 구체적이고 실제적인 필요들을 채워 주기 에 충분한 말씀입니다. 그러나 중요한 것은 우리 마음의 태도입니다. 아무리 말씀이 우리의 문제를 해결하고 필 요들을 채워 주는 데 넘치는 자원과 능력을 가지고 있 다 할지라도, 우리의 마음이 교훈받기를 싫어하고 책망 받는 것을 분하게 여기고 바르게 돌이키는 일에 고집스 럽다면, 아무 도움도 되지 못하는 것입니다.

요즈음은 책망을 기피하는 시대입니다. 격려와 책망 이 동전의 양면과 같은 동일한 사랑의 표현인데도 불구 하고, 책망의 부작용 측면만 지나치게 강조됨으로 말미 암아, 격려는 좋은 것이고 책망은 나쁜 것이라고 주장하 는 교육 이론이 지배적인 시대가 되었습니다. 누군가 정 말로 올바른 삶을 배우고 싶어서 책망을 받고자 해도 올바르게 책망해 줄 사람이 별로 없습니다. 선생은 제자 가 무서워서 책망을 못하고, 부모는 자식이 무서워서 책 망을 하지 못하며, 친구들은 눈치만 보다가 거짓된 칭찬 이나 해주는 그러한 시대입니다. 우리가 자신의 삶의 옳 고 그름에 대하여 올바른 교훈과 책망을 받으려면, 사랑 안에서 솔직하고 용기 있게 말해 줄 수 있는 누군가가 있어야 합니다.

그러나 과연 누구에게 우리를 책망해 주기를 기대할

수 있습니까? 이러한 때에 우리를 올바르게 책망해 줄 수 있는 것은 바로 하나님의 말씀입니다. 우리는 그 말씀에 나아가서 진정한 책망을 받아야 합니다. 우리 각 사람을 바르게 해주고 의로 교육해 주는 성경 말씀이 우리에게 있는 것에 대해 하나님께 감사해야 합니다. 또 17절에 보면 이 말씀이 우리를 온전케 해준다고 하였습니다. 모든 선한 일을 행하기에 준비된 사람으로 온전케 해주는 것이 바로 이 영원한 하나님의 말씀입니다. 그러므로 우리는 온전케 되기 위해서 이 말씀으로 돌아가야 합니다.

이렇게 성경 말씀으로 돌아갈 수 있으려면 단순하고 순수한 마음이 있어야 합니다. 요즈음 세상은 말씀으로 돌아가 말씀대로 사는 것을 유치하다고 생각하든지 혹은 원시적인 신앙인 것처럼 여기는 분위기이기 때문에, 우리에게 단순하고 순수한 마음이 없으면 말씀으로 돌아가려는 용기를 내기가 쉽지 않습니다. 또 인간이 만든 어떤 철학이나 학문적 이론에 들어가야 무슨 심오한 것이 있는 것처럼 생각하는 복잡한 마음을 가진 사람은 말씀 안으로 들어오지 못합니다. 그러므로 무엇보다 우리 마음 자체를 순수하고 단순하게 정해야 합니다. 그러면 이 영원한 진리의 말씀 안에서 우리는 영적 활력을 찾을 수 있게 됩니다. 하나님을 진정으로 알고 경험하게 됩니다.

3. 사람

> 이 세상도 그 정욕도 지나가되 오직 하나님의 뜻을 행하는 이는 영원히 거하느니라. (요한일서 2:17)

여기에서 "이 세상도 그 정욕도 지나가되"라는 말씀 안에는 많은 내용이 함축되어 있습니다. '세상'이란 이 세상에서의 인간 역사의 모든 것을 다 내포하는 것입니다. 인간의 과학, 인간의 종교, 인간의 철학, 예술, 우리가 쌓아 온 모든 공적과 문명, 우리의 전쟁, 우리의 갈등, 우리가 쟁취한 모든 것들, 그리고 우리가 표현한 모든 글과 노래 등 모든 것이 다 이 속에 들어 있습니다. 그것을 통틀어서 함축적으로 이 세상이라고 표현한 것입니다. 이러한 세상과 거기에 속한 정욕도 지나가되, 오직 하나님의 뜻을 행하는 자, 즉 하나님의 말씀을 따라 믿고 행하고 순종하는 사람은 영원히 거한다고 하였습니다. 우리는 일생을 통하여 이 영원히 거하는 사람을 얻는 일에 우리 삶을 드리는 것이 가장 가치 있는 일입니다. 사람을 위해 우리 생애를 투자해야 하는 것입니다.

가끔 등산을 하다가 산을 올라가는 사람들에게서 한 가지 공통점이 있는 것을 발견하게 되었습니다. 그것은 산에 가는 사람들이 거의 대부분 정상을 향해서 간다는 점입니다. 땀을 뻘뻘 흘리면서 열심히 올라가는 목표점은 산꼭대기입니다. 사람들은 대체로 어느 산을 가든지 그 산꼭대기를 올라가야만 그 산행의 목표를 이루었다고 생각하는 것입니다. 그러나 높은 산꼭대기에 올라가 보면 대개 거기에는 생명이 없습니다. 죽은 것들이 대부분입니다. 거기에는 돌이나 바위가 대부분이며, 혹은 나무가 있더라도 거의 죽은 것 같은 나무들뿐입니다. 대부분이 그렇습니다.

　인간의 일반적인 삶에 있어서도 이렇게 등산하는 사람들처럼 인생의 산꼭대기라고 생각되는 것만 찾는 사람들이 너무나 많이 있습니다. 우리 자신이 바로 그렇게 살고 있는 사람들일 수도 있습니다. 정상만 바라보고 살다 보면 정상 이외의 곳에서 우리가 얻을 수 있는 귀한 것들을 얻지 못합니다. 그리고 마침내 정상에 도달하더라도 더 이상 올라갈 곳이 없는 정체 상태에 빠지게 되어 그 순간부터 오히려 침체되거나 낙오되고 나머지 생애를 의미 없다고 생각하며 살게 되는 것입니다. 이것이 삶의 정체기(Plateau)입니다. 신앙을 가진 사람일지라도 그렇습니다. 그리스도인일지라도 정상에 올라가는 데만 급급한 사람은 결국 어느 정도 올라간 후에 더 올라갈 곳이 없을 때 거기에 머물면서 갈등하며 괴로워하고 답답해합니다. 새로운 동기나 창의력을 상실한 채로 희망이 없는 사람처럼 살게 됩니다. 이런 사람은 그 위치에 침체되어 있으면서 여러 사람들을 심하게 괴롭히는 행동을 할 때도 많습니다.

 낮은 계곡을 향해서 등산하는 사람들은 별로 없습니다. 계곡은 정상을 향해 갈 때 잠시 지나가거나 어쩔 수 없이 거쳐가는 곳으로 생각하는 경우가 많습니다. 그러나 계곡을 잘 살펴보면 바로 그곳에 생명이 있는 것을 발견하게 됩니다. 등산하는 사람들에게 별로 인기 없는 그곳이 생명이 있는 곳입니다. 그곳에는 물이 있어 물고기도 있고, 각종 곤충들이나 개구리들도 있고 또 이름 모르는 많은 생명체들이 있습니다. 이런 생명체들과 연결된 생태의 고리가 있어 새도 있고 짐승도 있고, 온갖 풀과 나무 그리고 꽃들이 있습니다. 이처럼 계곡 근처에는 왕성한 생명들이 살아 움직이고 있습니다. 그리스도인 삶에서의 계곡이란 바로 낮은 곳에서 별로 드러나지 않는 가운데 겸손하게 주님을 배우고 섬기는 삶이라고 생각됩니다. 이런 삶은 인기도 없고 그저 평범하게 보이지만 영적 생명력이 넘쳐 납니다. 대개의 사람들에게는 매력이 없는 삶으로 보이지만 바로 그런 삶에 왕성한 영적 생명력이 있습니다. 우리는 산꼭대기 지향성을 버려야 합니다. 많은 사람들이 알아주고 자랑스럽게 여겨 주는 높은 정상보다는, 인기는 없으나 진정한 생명력이 넘쳐 나는 낮은 계곡에 머무는 삶의 가치를 알아야 합니다.

그리스도인에게 있어서 이러한 삶은 바로 말씀 중심적이며 복음주의적인 삶입니다. 요즘 유행하고 정신없이 쏟아져 나오는 그럴듯한 이론들과 학설들을 헉헉거리며 따라간다든지, 기독교 안에 있는 그 많은 지위나 직책들 중 무언가를 얻고자 부작용을 일으키기까지 하면서 좇아가는 그런 삶이 아니라, 오직 복음으로 한 사람 한 사람을 주님께 인도하고 말씀으로 견고하게 세워 주는 복음 중심의 삶을 사는 것입니다. 복음주의적인 삶은 마치 정상으로 달려가는 사람들이 잠시 거기 뭐가 있는가 흘낏 한 번 쳐다보고는 외면해 버리는 곳인 계곡에 머무는 것 같은 외롭고 인기 없는 삶입니다.

하지만 주님 앞에서 우리의 삶을 결산하는 심판 날은 반드시 오게 됩니다. 그날에 과연 불타 없어지지 않고 공력이 그대로 남아 있을 수 있는 삶이 어떤 삶인가를 기억해야 합니다. 마침내 그 심판 날에 그렇게도 자랑스럽게 여겼던 모든 것이 불타 없어지지만, 이렇게 겸손히 낮은 곳에 처하여 복음 중심의 삶을 산 사람에게는 그들이 주님 앞에 인도한 그 사람들이 하나님 앞에 영광스러운 공력으로 남아 있게 된 것을 발견하게 될 것입니다. 그러므로 우리는 복음으로 사람을 얻는 일에 우리 삶을 투자해야겠습니다. 사람들을 복음으로 주님께 인도하는 삶을 산 것이 가장 가치 있고 의미 있는 것이었음이 우리가 주님 앞에 서는 그날에 분명하게 드러나게 될 것입니다.

◆ 사람을 얻는 지혜

잠언 11:30에 보면 이런 말씀이 있습니다.

> 의인의 열매는 생명나무라. 지혜로운 자는 사람을 얻느니라.

이 짧은 말씀에는 원리와 방법이 동시에 나와 있습니다. 그 원리는 의인이 맺어야 할 열매는 생명나무라는 것입니다. 또한 이 말씀은 사람을 얻는 방법도 제시해 주고 있는데 그것은 곧 지혜로운 자가 되어야 한다는 것입니다.

생명나무는 다른 생명을 열매로 맺는 나무를 말합니다. 그러므로 의인은 생명을 열매로 맺는 생명나무를 재생산하는 사람이 되어야 합니다. 사과나무에는 사과가 열리고 감나무에는 감이 열리는 것이 나무가 열매를 맺는 원리입니다. 그런데 의인이라는 나무는 단순히 '생명'을 열매로 맺을 뿐만 아니라, '생명을 맺게 하는 생명나무'를 재생산한다는 것입니다. 열매를 맺는다는 것보다 열매를 맺는 나무를 얻는다는 것은 더 적극적인 생명의 배가를 나타내는 것입니다.

예수 그리스도를 마음속에 영접한 사람은 다 의롭게 됩니다. 자기의 행위가 의로워서가 아니라 그리스도의 십자가의 공로로 의롭다 함을 얻게 된 것입니다. 어떤 사람들은 한 개인이 의롭게 되는 것에 대해 별로 대수롭지 않게 여길지 모르지만, 우리 그리스도인 한 사람 한 사람은 예수님께서 십자가에 자신을 내어 주신 엄청난 희생과 은혜로 말미암아 의롭다 함을 얻게 된 것입니다. 그러면 우리가 이렇게 그리스도의 그 큰 은혜로 의롭게 되었으면 무슨 열매를 맺는 나무가 되어야 마땅합니까? 바로 생명이라고 하는 열매를 맺는 생명나무를 생산해 내는 나무가 되어야 하는 것입니다. 겸손히 빛도 없이 이름도 없이 낮은 곳에 머물며 생명의 열매인 사람을 얻어야 하는 것입니다.

이 말씀에서는 또한 사람을 얻는 사람이 되기 위해서는 지혜로운 자가 되어야 한다고 했는데, 이 지혜는 어떤 지혜이겠습니까? 야고보서 3:15-17 말씀은 두 종류의 지혜에 대해 보여 주고 있습니다.

> 이러한 지혜는 위로부터 내려온 것이 아니요, 세상적이요 정욕적이요 마귀적이니, 시기와 다툼이 있는 곳에는 요란과 모든 악한 일이 있음이니라. 오직 위로부터 난 지혜는 첫째 성결하고, 다음에 화평하고 관용하고 양순하며, 긍휼과 선한 열매

가 가득하고, 편벽과 거짓이 없나니.

두 가지 지혜 중 한 가지는 세상 지혜이며 다른 한 가지는 '위로부터 난 지혜'입니다. 먼저 15-16절에서는 세상 지혜에 대하여 "이러한 지혜는 위로부터 내려온 것이 아니요 세상적이요 정욕적이요 마귀적"이라고 하였습니다. 그렇기 때문에 이런 지혜의 산물들은 결국 시기, 다툼, 요란함과 모든 악한 일들로 나타나는 것입니다. 이와 대조적으로 그 뒤 17절에서는 '위로부터 난 지혜' 즉 하나님께로부터 오는 지혜의 특징에 대해 자세히 설명해 주고 있습니다. 그런데 두 종류의 지혜 중에서 일반적으로 보면 세상 지혜가 훨씬 지혜롭게 보이는 반면 위로부터 난 지혜는 오히려 지혜롭게 보이지 않는 면이 있습니다.

창세기 4장과 5장을 읽으면서 가인의 자손들이 살아온 내력과 셋의 자손들이 살아온 내력을 비교해 보면 매우 대조적인 것을 발견하게 됩니다. 가인의 후손들을 보면 그들은 매우 지혜로운 사람들이었던 것을 알 수 있습니다. 그들은 일찍이 전쟁에 사용할 무기를 만들었고 전쟁하는 방법을 배웠으며 또 음악을 만들었고 여러 가지 악기도 만들었습니다. 이렇게 보면 인간의 과학과 문명은 가인의 후손들로부터 발전되어 온 것 같습니다.

그런데 하나님을 믿는 셋의 자손들은 인간 사회의 문명의 관점에서 보면 가인의 자손들에 비해 별로 내세울 것도 자랑할 것도 없는 것 같습니다. 그들에 대한 기록 내용 중에는 대체로 그들이 팔백 세나 구백 세 정도로 장수하면서 자녀를 낳았다는 것과, 여호와 하나님의 이름을 불렀다는 내용(창세기 4:26), 혹은 하나님과 동행하였다는 내용(창세기 5:22,24) 외에는 기록된 것이 별로 없습니다. 이렇게 세상적 가치관의 기준으로 볼 때 그들은 괄목할 만한 어떤 기술적인 업적이나 문명적 또는 예술적 성과를 거둔 것이 없었습니다. 그러나 신앙적 시야로 볼 때는 그들이야말로 세상에서 가장 가치 있는 삶을 산 사람들이었습니다. 그들의 삶은 곧 여호와 하나님을 전하는 삶이었으며, 세상에 진정한 평화와 축복을 제시해 주는 삶이었습니다. 우리는 이러한 셋의 자손들의 삶 속에 나타난 것, 곧 하나님의 이름을 부르고 하나님과 동행하는 삶이 바로 위로부터 난 참된 지혜의 삶이라는 사실을 알아야 합니다.

가인의 후손들의 지혜는 인간의 삶에 필요한 뛰어난 기술들을 개발해 냄으로써 사람들은 그 편리함을 누리게 되었고 또한 점점 강성하여져 갔습니다. 이에 따라 그들은 자기들의 힘을 과시하며 쾌락을 즐기게 되었고 한편으로 문학적이고 정서적인 것 같으면서도 매우 잔인하여져 갔습니다. 그들의 지혜는 그 근본에 있어서 세상적이요 정욕적이요 마귀적인 것이라는 데 문제가 있었습니다. 그래서 그 결과가 어떤 것이었습니까? 가인의 자손 중 라멕이 지은 노래 내용을 보면 자기가 살인한 것을 자랑하고 죄지은 것을 자랑하고 있습니다(창세기 4:23-24). 이러한 가인의 자손의 지혜는 결국 인류 역사를 통해 시기와 질투의 역사로, 전쟁과 피 흘림의 역사로 나타나게 되었습니다.

일본의 성서 연구가이자 전도자인 우찌무라 간조는 "인간의 지혜와 독자적인 힘으로 자신들의 안전과 행복을 꾀하는 일을 발전시킨 것이 문명"이라고 말했습니다. 그러므로 하나님을 떠난 인간의 문명이란 '자기들'이라는 범주를 넘어설 때는 안전과 행복에 침해를 받는다고 생각되기 때문에 분쟁과 쟁투와 전쟁이 있는 것입니다. 개인과 개인뿐만 아니라 민족과 민족 간에, 종교와 종교 간에, 국가와 국가 간에 시기와 다툼이 있어 왔습니다. 즉 "요란과 모든 악한 일들이 있음이니라"라고 한 야고보서 말씀과 같은 결과로 나타난 것이 바로 가인의 후손의 지혜였으며 이런 것이 사람의 지혜요 세상적 지혜인 것입니다.

창세기 4:17에 보면 가인은 에녹(창세기 5:18-24에 기록된 에녹과 동명이인임)이라는 아들을 낳았을 때 성을 쌓고 그 성의 이름을 자기 아들의 이름을 따라 지었습니다. 지금도 어떤 도시나 길의 이름에 유명한 사람의 이름을 붙여 준 것을 보는데, 우리가 그 도시나 거리 이름을 부를 때마다 그 사람을 기억하게 되는 것입니다. 이렇게 하는 것은 그 사람의 이름을 오래도록 기억나게 하고 유명하게 하는 데에 얼마나 지혜로운 방법입니까? 그만큼 가인은 세상에 이름을 떨치게 하는 데에 지혜가 있는 사람이었습니다. 그런데 다음에는 누군가가 이를 시기하고 미워한 사람이 이 성을 정복하고는 새로운 이름을 붙였을 것입니다. 이런 것이 세상의 지혜입니다.

그러나 위로부터 난 지혜는 자신의 안정을 추구하기 위한 이기적인 처세술이나 자신의 이름과 업적을 자랑하기 위한 거침없는 투쟁으로 나타나는 지혜가 아닙니다. 오직 위로부터 난 지혜는 하나님을 인정하는 신앙심과 경건한 인격으로 나타나는 지혜입니다. 그 지혜는 성결하고 화평하고 관용하고 양순하며 긍휼과 선한 열매가 가득하고 편벽과 거짓이 없는 지혜이며 이런 지혜가 바로 사람을 얻는 지혜입니다.

세상의 지혜는 무언가 경쟁적이고 전략적이며 투쟁적이기 때문에, 목적한 바를 더 빨리 성취하고 얻을 수 있는 것처럼 보이지만, 여기에는 늘 많은 사람들을 희생시키고 해롭게 하는 부작용이 뒤따르는 것입니다. 기독교 안에서까지도 이러한 지혜로 사는 사람들이 있어 항상 시기와 다툼과 요란함이 일어나는 것을 보게 됩니다.
 그러나 우리는 위로부터 난 지혜로 살아야 합니다. 세상적으로는 손해 보는 지혜 같아도, 결국 이 지혜가 남을 유익하게 하고 덕을 세우게 함으로 많은 사람을 얻을 수 있게 됩니다. 그러므로 우리가 많은 사람을 얻을 수 있는 생명나무 같은 사람이 되기 위해서는 인격적 변화로 나타나는 지혜를 추구해야 합니다.

◆ 인격 계발의 중요성

 우리가 전도를 할 때, 버스나 전철 등에서 잠시 만났다 헤어지는 그런 사람들에게는 어떤 전략적인 방법들이 효과적일 수도 있을 것입니다. 그러나 같은 직장이나 학교 혹은 한 동네 등 자기 생활권에서 만나는 사람들에게 전도할 때는 올바른 인격 계발이 잘 되어 있지 않으면 사람을 얻는 일은 결코 쉽게 일어나지 않을 것입니다. 그러므로 사람을 얻는 참된 지혜인 위로부터 난 지혜를 얻기 위해 올바른 인격을 그리스도 안에서 계발해 나가야겠습니다. 사도 바울도 자기 일생 동안 어떻게 하면 더 많은 사람을 얻을까에 그의 모든 관심을 집중하였습니다. 이를 성취하기 위해 그가 무엇을 했는가를 고린도전서 9:19-23까지의 내용에서 살펴보겠습니다.

내가 모든 사람에게 자유하였으나 스스로 모든 사람에게 종이 된 것은 더 많은 사람을 얻고자 함이라. 유대인들에게는 내가 유대인과 같이 된 것은 유대인들을 얻고자 함이요, 율법 아래 있는 자들에게는 내가 율법 아래 있지 아니하나 율법 아래 있는 자같이 된 것은 율법 아래 있는 자들을 얻고자 함이요, 율법 없는 자에게는 내가 하나님께는 율법 없는 자가 아니요 도리어 그리스도의 율법 아래 있는 자나 율법 없는 자와 같이 된 것은 율법 없는 자들을 얻고자 함이라. 약한 자들에게는 내가 약한 자와 같이 된 것은 약한 자들을 얻고자 함이요, 여러 사람에게 내가 여러 모양이 된 것은 아무쪼록 몇몇 사람들을 구원코자 함이니, 내가 복음을 위하여 모든 것을 행함은 복음에 참예하고자 함이라.

위에 인용한 구절들보다 좀 더 앞부분의 말씀을 읽어 보면, 사도 바울은 복음 전파를 위한 물질적 도움을 얻을 정당한 권리가 있음에도 불구하고 오히려 그것을 포기하였다고 했습니다. 이는 많은 사람들이 그리스도의 복음을 받아들이는 데 아무 장애가 되지 않도록 하기 위해서였습니다. 또 19절에, "내가 모든 사람에게 자유하였으나 스스로 모든 사람에게 종이 된 것은…"이라고 말씀하신 것과 같이, 사도 바울은 다양한 부류의 사람들을 복음으로 구원받게 하기 위해서 자신의 자유를 포기하면서 스스로 모든 사람의 종이 되었던 것입니다. 왜냐하면 종이 되는 것만이 사람을 얻을 수 있는 비결이라는 것을 잘 알았기 때문입니다. 그러므로 우리가 개인의 자유와 권리를 다 주장하며 사는 한, 사람을 얻는 것은 기대할 수가 없는 것입니다.

사도 바울은 사람을 주님께로 인도하기 위한 목표도 선명하였지만 그들에게 올바로 접근할 수 있는 인격이 잘 훈련된 분이었습니다. 우리도 여러 부류의 사람들을 복음으로 주님께 인도할 수 있는 일꾼이 되기 위해, 약한 사람에게는 약한 사람 같이 되고 여러 사람에게 여러 모양이 될 줄 아는, 유연한 인격 계발을 부지런히 해 나가야 합니다. 우리가 진정으로 사람을 얻고자 하는 데에 삶의 가치관을 두고 있다면 무엇보다도 인격적인 사람이 되도록 자신을 계발하는 데 힘써야겠습니다.

◆ 목표 성취를 위한 절제와 훈련

운동장에서 달음질하는 자들이 다 달아날지라도 오직 상 얻는 자는 하나인 줄을 너희가 알지 못하느냐? 너희도 얻도록 이와 같이 달음질하라. 이기기를 다투는 자마다 모든 일에 절제하나니, 저

> 희는 썩을 면류관을 얻고자 하되 우리는 썩지 아니할 것을 얻고자 하노라. 그러므로 내가 달음질하기를 향방 없는 것같이 아니하고 싸우기를 허공을 치는 것같이 아니하여, 내가 내 몸을 쳐 복종하게 함은 내가 남에게 전파한 후에 자기가 도리어 버림이 될까 두려워함이로라. (고린도전서 9:24-27)

25절에 보면 "이기기를 다투는 자마다"라고 했는데, 여기에서 이기기를 다툰다고 한 말은 많은 사람들을 얻고자 하는 복음의 사도로서의 직무를 완수하려는 바울의 목표를 하나의 달음질하는 경주에 비유하여 생동감 있게 묘사한 것입니다. 당시의 경기에서 이긴 선수는 월계수 잎으로 만든 관을 머리에 쓰게 되었는데 이 월계관은 곧 시들어 버리기 때문에 썩을 면류관이라고 표현하였습니다. 이 썩을 면류관을 얻기 위해서도 선수들은 경기에 임하기 오래 전부터 엄격한 규칙을 지키며 모든 쾌락과 오락들로부터 자신을 절제하며 피나는 훈련을 받아야 했습니다. 철저한 자기 관리와 고된 훈련 자체가 좋아서 그렇게 하는 사람은 별로 없을 것입니다. 이겨야 한다는 목표 때문에 그렇게 하는 것입니다. 더욱이 썩을 면류관이 아닌 썩지 아니할 영원한 면류관을 얻기 위한 것이 신앙을 가진 그리스도인의 목표라면 더 높은 수준의 훈련에 임해야 하는 것은 너무나 당연하지 않습니까?

이 땅에서 사람들이 하는 모든 일에서, 그것이 학문의 성공을 위한 일이든, 기술 계발이든, 운동선수의 경기에서든, 음악이나 미술의 영역이든, 또는 어떤 사업 경영에 해당하는 일이든, 인간 사회 집단의 모든 영역에서 이기기를 다투는 일은 언제나 있는 일이며 거기서 승리하기 위해서는 반드시 비싼 값을 지불하는 각고의 훈련이 필요한 것입니다. 그러나 그들이 이런 영역에서 이기기도 힘든 일이지만 다행히 천신만고 끝에 성공을 했다 하더라도 그 면류관은 결국 시들어 버리는 썩을 면류관에 불과한 것입니다. 그러면 어떤 사람에게 썩지 아니할 면류관이 약속되어 있습니까? 바울은 그것을 잘 알고 있었습니다. 생명의 복음으로 많은 사람을 구원받게 하고 그들을 말씀으로 양육하여 주님 안에서 정상적인 성장을 하도록 돕고 그리스도의 삶과 인격을 본받도록 해 줌으로 그들로 주님의 쓰심에 합당한 일꾼이 되도록 하는 사역, 바로 이와 같은 삶에 헌신된 사람에게 주어진 약속입니다. 많은 사람을 얻기 위해 무엇을 실천해야 되는가를 교훈하신 내용들을 앞의 고린도전서 9장 말씀에서 정리해 보겠습니다.

첫째, 향방이 분명해야 합니다. 정신없이 바쁘고 또 빠르게 뛰고는 있으나 그 방향이 선명하게 정해지지 않은 그리스도인들이 많이 있습니다. 우리의 방향은 변하지 않는 영원한 것에 두어야 합니다. 영원하신 하나님과 친밀한 관계를 유지하며 살아가고, 영원한 말씀을 깊이 앎으로 말씀의 권위를 인정하고 순종하는 삶을 살며, 또한 인간의 영혼은 영원하기 때문에 그들이 복음을 믿음으로 하늘나라에 갈 수 있도록 전도하는 삶이 곧 우리가 달려갈 향방인 것입니다.

둘째, 계속 달음질해야 합니다. 모든 인간은 그 삶이 시간적으로 유한하며 제한을 받고 있기 때문에 인생의 여정이란 일정한 거리가 정해진 달음질하는 경기와도 같은 것입니다. 우리 모두는 골인 지점을 향해 달려가는 선수들입니다. 경기를 위한 훈련도 힘들지만 경기 도중의 과정도 지속하기가 여간 힘든 것이 아닙니다. 잠언 16:32 말씀에 "자기의 마음을 다스리는 자는 성을 빼앗는 자보다 나으니라"라고 하였습니다. 이 말씀과 같이 우리는 영원한 것을 얻기 위해 달려가는 코스에서 엉뚱한 곳으로 벗어나거나 그 경주를 도중에 포기하지 않도록 자기 마음을 다스리고 지켜야 합니다. 달음질하는 동안에 수시로 일어나는 연약한 마음과 좌절감을 끝까지 극복하도록 자기 마음을 다스려야 합니다. 올바른 목표를 향한 우리 마음을 지키는 것은 세상일의 정복자가 되는 것보다 더 위대한 것입니다.

셋째, 싸우기를 허공을 치는 것같이 아니하여야 합

니다. 어떤 격투기 시합에서 두 검투사가 서로 맞붙어 싸울 때 그중 하나가 자신의 칼로 허공을 치고 있으면 상대방은 여지없이 그 빈틈의 순간에 치명적인 일격을 가하는 것입니다. 이것은 권투 선수에게도 마찬가지입니다. 우리는 하나님과 사탄의 전쟁 마당에 서 있는 그리스도의 군사들입니다. 군사가 허공을 치듯이 우리가 우리의 영적 무기인 말씀(예레미야 23:29, 히브리서 4:12, 에베소서 6:17 참조)을 올바르고 정확하게 사용할 줄 모르면 사탄의 강한 힘을 어떻게 격파할 수 있겠습니까?

우리의 가장 큰 전쟁은 곧 사탄의 권세하에 있는 사람들을 죄로부터 해방시켜 그리스도의 은혜의 품으로 돌아오게 하는 전도의 삶입니다. 이 영적 전투에서 우리가 말씀이라는 무기를 올바르게 사용하는 훈련이 되어 있지 않다면 사람들을 그리스도께 돌아오게 하는 일에 승리할 수 없습니다. 이 싸움에서 다른 방법들은 간접적인 영향을 줄 수는 있겠으나 사람을 거듭나게 하는 것은 살아 있는 하나님의 말씀뿐입니다(베드로전서 1:23 참조).

바울은 복음으로 사람들이 거듭나도록 도와주기 위해서 이처럼 놀라운 위로부터 난 지혜와 비결을 가지고 살았습니다. 항상 사람을 그리스도께 인도하는 일이 얼마나 그 가치가 큰가를 선명하게 기억하며 살았습니다.

우리도 사도 바울처럼 하나님의 시야로 사람을 봐야 하고 하나님의 가치 평가 기준으로 사람을 귀하게 여기며 복음의 일꾼의 직무를 다해야겠습니다.

◆ 복음의 능력

> 내가 복음을 부끄러워하지 아니하노니, 이 복음은 모든 믿는 자에게 구원을 주시는 하나님의 능력이 됨이라. (로마서 1:16)

요즈음 뉴스를 보면 가끔 어떤 난치병을 놀랍게 고칠 수 있는 신약을 발명했다는 소식을 듣게 되는데, 그런 뉴스가 나올 때마다 사람들은 '이제 희망이 생겼구나' 하고 생각하기도 하고 또 한편 다른 질병으로 고생하고 있는 사람들은 자기가 앓고 있는 병을 획기적으로 치료할 수 있는 약도 머지않아 나오게 되지 않을까 하는 기대감을 갖곤 합니다.

그런데 지금 위의 말씀과 같이 "복음은 모든 믿는 자에게 구원을 주시는 하나님의 능력이 됨이라"라고 했습니다. 복음은 죄라는 난치병으로부터 우리를 완전하게 치료해 줄 수 있는 유일한 약인 것입니다. 세상의 어떤 획기적인 신약이나 명약도 사람의 영혼을 사망에서 구원할 수는 없습니다. 그러나 우리가 전파하고 있는 이 복음은 사람의 영혼을 죄로부터 치료해 주고 사망으로부터 해방시켜 주는 유일한 해결책이 되는 것입니다. 이러한 복음을 우리가 어떻게 모른 체하고 감춰 둘 수 있겠습니까? 이것을 다른 사람들에게 전해 줌으로 그들의 문제를 근원적으로 해결해 주는 것이야말로 이 세상에서 인간에게 베풀 수 있는 가장 큰 선행이며 가장 의미 있고 가치 있는 일인 것입니다. 그러므로 바울은 고린도전서 9:16에서 "내가 복음을 전할지라도 자랑할 것이 없음은 내가 부득불 할 일임이라. 만일 복음을 전하지 아니하면 내게 화가 있을 것임이로라"라고 말하고 있는 것입니다.

다니엘 12:3 말씀에 "지혜 있는 자는 궁창의 빛과 같이 빛날 것이요, 많은 사람을 옳은 데로 돌아오게 한 자는 별과 같이 영원토록 비취리라"라고 하였습니다. 이제 21세기를 맞이하여 우리는 어떠한 가치관을 가지고 살아야겠습니까? 이제부터 많은 사람들을 주님 앞에 인도하는 것에 목표를 두고 더욱 열심으로 살아야 되지 않겠습니까? 사탄은 이 일이 그리스도인들에게 가장 가치 있는 일이라는 것을 스스로가 잘 알고 있기 때문에 세상적 지혜와 지식으로 가득한 사람들을 통하여, 혹은 많은 사람의 관심을 끄는 여러 대중 매체나 문화 예술 중 왜곡되고 극세속화된 것들을 통하여, 또는 기타 온갖 것을 다 동원하여 이 일을 못하게 방해하고 있습니다. 복음을 전하는 일이 일어나지 않도록 하는 것이 사탄에게는 매우 중요한 것이기 때문입니다. 이러한 사탄의 방해 공작 때문에 기가 죽어 있는 그리스도인들이 얼마나 많습니까?

우리 각자가 자신의 생애, 자신의 시간, 체력, 지식, 지혜, 감정 등 모든 것을 다 바쳐서 사람들을 한 사람 한 사람 주님 앞에 인도하여 그들을 거듭나게 하고 이로 말미암아 그들의 삶이 변화되어 올바른 양심과 인격과 신앙으로 사는 성숙한 그리스도인이 되도록 도와주어야겠습니다. 이 세상은 인간 스스로의 힘으로는 해결하기가 불가능할 정도로 심각하게 부패하고 타락되어 가고 있습니다. 교육도 정치도 종교도 우리가 직면하고 있는 이 세상의 문제 앞에 너무도 무기력해 보입니다. 경건의 모양은 있으나 경건의 능력은 없고, 새로워져야겠다는 의지는 있으나 그 능력은 없기 때문에, 외치는 구호는 강하나 해결의 기미는 보이지 않고 있습니다. 서로가 비판과 공격은 가하나 책임을 지려는 사람은 보이지 않습니다. 그러나 남을 향해 외치기보다 자신의 삶의 변화에 힘쓰는 거듭난 그리스도인이 많아지고 그들이 성숙한 인격으로 계발되어 나갈 때 세상은 자연스럽게 변화될 것입니다.

우리는 지금까지 이 시대를 과연 어떻게 살아갈 것인가에 대하여 함께 생각해 보았습니다. 이미 성경 말씀은 이 시대가 미지근한 신앙의 시대가 될 것을 예시하며 경계해 주고 있습니다. 우리는 이런 말씀의 경고를 진지하게 받아들여 미지근한 태도를 버리고 주님 앞에서 열정을 가지고 그리스도의 터 위에 영원한 것으로 건축을 하는 삶을 살아야 합니다. 대개의 사람들이 다른 사람들의 주목을 받는 곳인 정상만 쳐다보고 올라가려고 하는 시대에 우리는 오히려 사람들이 별로 주목하지 않고 무시하는, 그러나 생명력이 넘치는 계곡으로 가는 삶, 즉 복음주의적인 삶을 흔들림 없이 열정적으로 살아야겠습니다. 우리는 말씀에 뿌리를 내리고 하나님과 긴밀히 동행하는 가운데 사람의 영혼을 주님 앞에 인도하는 일에 더욱 헌신적으로 드려져야겠습니다. 이러한 삶은 세상적인 가치 기준으로 볼 때는 너무나 평범하고 단순하게 보이겠지만 하나님 앞에서는 가장 위대하고 가치 있는 삶인 것입니다.

> 내가 이 복음을 위하여 반포자와 사도와 교사로 세우심을 입었노라. 이를 인하여 내가 또 이 고난을 받되 부끄러워하지 아니함은, 나의 의뢰한 자를 내가 알고 또한 나의 의탁한 것을 그날까지 저가 능히 지키실 줄을 확신함이라. (디모데후서 1:11-12)

제 4 장

어떻게 미지근한 삶을 극복할 수 있는가

1. 말씀 안에 거할 때 미지근한 그리스도인이 되지 않는다

하나님의 말씀 안에 거하는 삶이 그렇게도 중요하다는 것은 우리 그리스도인들에게는 하나의 상식입니다. 그럼에도 불구하고 이 상식화된 사실을 삶 속에 실천하기보다는 하나님의 말씀과는 아무 관계없이 일상생활을 하면서 단지 기독교 의식에만 참여하는 것으로 신실한 신앙인의 위치를 지키고 있는 것처럼 여기는 그리스도인들이 많습니다. 초대 예루살렘 교회는 미지근한 태도란 어디에서도 찾아볼 수가 없는 참으로 열정적인 교회였습니다. 그들의 이와 같은 뜨거운 열심과 헌신의 신앙생활 때문에 오늘날의 교회들도 "초대교회로 돌아가자"라고 외치고 있습니다. 교회의 모든 영역과 기능과 형태에서 초대교회로 돌아가자고 하는 것은 마치 한 성인이 유아 시절로 돌아가자고 하는 말과 같기 때문에 합당치 못한 주장이 될 수 있습니다. 그러나 우리가 돌아가야 하고 본받아야 할 초대교회의 가장 특징적인 모범은 바로 그들의 열심이 특심한 신앙생활이라고 생각합니다.

초대교회의 이러한 열심은 어디서 비롯된 것입니까? 우리가 많은 다른 요인들을 거론할 수 있겠으나, 사도행전 2:42-47의 말씀을 살펴보면 아주 분명한 한 가지 특징을 발견할 수 있습니다. 42절에서 볼 수 있는 바와 같이, 그들은 날마다 모여서 사도들에게 말씀의 가르침을 받음으로 그와 같은 영적 다이내믹스를 갖게 된 것입니다. 말씀에 침잠함으로 그리스도를 깊이 알게 되어 열정적이 됩니다. 예수 그리스도의 능력이 우리 안에 충만해지면 우리의 삶은 당연히 열정적이 됩니다. 어떤 사회적 분위기와 정황 속에서도 미지근하게 살게 되지 않습니다.

오늘날 세계의 대국인 미국의 역사는 처음에 말씀 중심의 국가관을 가지고 시작하였습니다. 미국의 모든 교육철학, 정치철학과 제도 등은 그 기초가 성경의 권위하에서 만들어졌습니다. 그러나 그들의 역사에서 특히 지난 50여 년 동안 미국 사회는 급격하게 타락의 길을 걸어왔으며 성경으로부터 멀어진 나라가 된 것 같은 인상을 주는 일들이 그 사회의 여러 현상에서 나타나고 있습니다. 오랫동안 세계 선교의 주역을 맡아 오던 미국이 지금은 기독교의 영향력으로 유명한 나라가 되기보다는 코카콜라와 청바지, 햄버거와 영상 문화를 세계에 전파하는 국가가 되어 버린 것같이 보입니다. 미국은 말씀의 권위를 인정하지 않는 분위기가 사회 여러 분야에서 발생 및 지속되면서 혼란이 갈수록 심각해지고 있습니다. 뉴스를 통하여 잘 알려진 내용이지만 어린아이들이 학교 내에서 무차별 총기를 난사하여 많은 어린 학생들을 죽이거나 다치게 만든 사건들이 얼마 전에 연이어 일어났습니다. 한 학교에서 그런 일이 일어나자 다른 학교에서도 꼬리를 문 듯이 그 끔찍한 일들이 일어났습니다. 더욱 큰 문제는 그런 끔찍한 짓을 저지른 아이들이 이에 대해 아무런 양심의 가책이나 문제의식을 느끼지도 않는 데 있습니다.

이런 상황이 전개되자 미국의 양식 있는 지도자들 사이에서는 잇따른 총기 사건의 원인 등을 평가한 후에 이 문제를 해결하기 위해서는 학생들을 성경에 기초해서 교육을 해야 한다는 인식과 주장이 높아지게 되었습니다. 그 결과 십계명을 학교에 게시하도록 결정했다고 하는데 과연 그것이 얼마나 그 사회를 갱생시킬 수 있을지는 좀 더 지켜보아야 할 것 같습니다. 다만 "하나님의 말씀으로 돌아가자"라는 이 작은 움직임의 시작이 결국 작은 불꽃이 큰 불을 일으키는 결과가 되기를 한 가닥 희망으로 걸고 싶습니다.

유럽의 기독교는 어떻습니까? 유럽의 교회들이 교회당 건물을 찬란한 예술품으로 건축하는 데 성공하였고 또 장엄한 종교 음악을 발전시키는 데는 성공하였으나 하나님의 말씀 중심의 교회가 되는 데는 실패하였기 때문에, 교회는 세계의 관광 센터는 되었지만 세계 선교의 센터가 되지는 못하고 있습니다. 오히려 그곳을 돌아보고 있노라면 무덤 같은 느낌마저 듭니다. 생명의 말씀의 능력이 사라졌기 때문입니다. 초대교회는 소유한 것이 별로 없는 교회였습니다. 모일 장소도 없어 남의 다락방을 빌려 쓰기도 하고 들이나 개인 집이나 바위의 굴이나 산을 돌아다니며 모였습니다. 하지만 그들은 영적 다이내믹스가 있었습니다. 매일 하나님의 능력을 체험하며 살았습니다. 외형적으로는 아무것도 갖춘 것이라고는 없이 초라하기만 하였던 그들이 어떻게 그렇게 능력 있는 삶을 살 수 있었습니까? 그것은 말씀의 권위를 인정하는 말씀 중심의 신앙으로 살았기 때문입니다.

디모데후서 3:16 말씀은 모든 성경은 하나님의 감동으로 쓰여진 것임을 가르쳐 주고 있습니다. 또한 이 모든 성경의 말씀은 교훈과 책망과 바르게 함과 의로 교육하는 데 유익한 말씀이라고 하였습니다. 이 세상을 살아갈 때 수시로 일어나는 많은 문제들 및 필요들에 대한 충분한 해결책이 다 말씀에서 온다는 것을 보여 주고 있습니다. 만약 미국이 지속적으로 말씀 중심의 정치 및 교육을 해왔다면 세계 선교를 더욱 효과적이고 성공적으로 성취해 왔을 것입니다. 그러나 그 사회가 말씀의 권위에서 떠나기 시작한 이후부터 마치 누룩이 퍼지듯이 빠른 속도로 세속화되고 타락하게 되었습니다. 미국은 경이로울 만큼 뛰어난 첨단 과학을 발전시킨 나라인 반면에, 타락된 미국 문화를 첨단 과학에 결합시켜 결국 첨단 타락을 온 세계에 퍼뜨리는 일을 하고 있습니다. 이런 면에서는 일본 등 대부분의 선진국들도 마찬가지라 생각됩니다. 그러나 그들이 만일 말씀으로 돌아오게 되면 교훈과 책망과 바르게 함과 의로 교육하는 데 유익한 이 말씀에 기초를 두게 됨으로 희망 있는 나라가 될 수 있을 것입니다.

우리도 첨단 타락의 길로 가는 몇몇 선진국들을 본받을 것이 아니라 어느 나라 어느 민족보다도 더 신속히 하나님의 말씀으로 돌아와야 합니다. 말씀을 기초로 한 교육을 해나가고, 말씀을 기초로 한 문학과 예술을 발전시키고, 말씀을 기초로 한 정치를 해야만, 이 나라와 세상이 암흑의 세상이 되지 않고 참된 희망과 평화의 세상이 될 수 있을 것입니다.

　시편 37:31에, "그 마음에는 하나님의 법이 있으니 그 걸음에 실족함이 없으리로다"라고 한 말씀이 있습니다. 한 개인이든 국가든 실족하거나 타락하는 것은 말씀의 법을 떠나기 때문입니다. 이 시편 내용의 분명한 약속은 말씀의 법을 마음에 두면 그 걸음에 실족함이 없다는 것입니다. 지금까지 지나간 모든 인류 역사 속에 일어난 문제들보다도 더 복잡한 21세기에 우리가 발을 들여놓으면서 실족하기 쉬운 함정들이 우리 앞에 많이 놓이게 될 것을 예견하게 됩니다. 이런 시대에 우리가 실족하지 않고 세상을 올바른 길로 이끌어 가며 빛과 소금의 역할을 잘하는 그리스도인이 되기 위해서는 마음에 하나님의 법이 항상 살아 있어야 하는 것입니다.

　시편 119:130에 보면, "주의 말씀을 열므로 우둔한 자에게 비춰어 깨닫게 하나이다"라는 말씀이 있습니다. 여기에 나오는 우둔한 자는 어떤 사람을 말하는 것입니까? 공부를 못한 사람입니까? 학력이 남보다 못한 사람입니까? 우둔한 자는 그런 외적인 학벌이나 지식이 없는 사람이 아니라 영적 분별력이 없는 사람을 가리키는 말입니다. 박사 학위를 가지고 대학교수의 신분으로 있는 사람일지라도, 혹은 많은 사람을 다스리는 위치에 있는 사람일지라도, 영적 분별력에 의하여 성경 말씀을 이

해하지 못하고 자기 자신의 지적 능력으로만 성경을 이해하려고 한다면, 영적 깨달음에 관한 한 결국 우둔자의 수준에 머물게 되는 것입니다.

오늘날 시대는 옳고 그른 것을 분별하기가 매우 애매할 뿐만 아니라 또한 그런 분별력을 무시하는 시대입니다. 이렇게 하든 저렇게 하든 다 개인의 자유라고 하는 시대입니다. 옳고 그른 것을 따지는 사람을 전근대적이고 후진 성향의 인간으로 무시하는 개인 자유 지상주의 시대입니다. 모두가 다 회색 천지입니다. 회색 도시에서 회색 사고방식을 가지고 살고 있습니다. 하늘도 건물도 인간의 판단 기준도 모두 회색으로 물들어 있습니다. 사람들은 갈수록 흑백을 따지는 것을 싫어하고 차라리 체크 무늬적 사고방식이 더 편리하다고 생각합니다.

현대인들은 인류 역사상 아마도 가장 지식이 풍부하고 이론과 철학이 넘치는 시대에 살고 있는 것 같습니다. 전문화된 기술과 최첨단 지식 또는 급진적 사고를 가진 사람들이 많아지면서, 사람들은 갈수록 각 사람의 지식과 사고와 행동의 개별화를 가치 있게 여겨 주기를 원하는 주장이 강해지고 있습니다. 자기로서 가지고 있는 특성에 자유와 권리가 주어지기를 원합니다. 그들을 통해 만들어진 작품이나 생산품이 개인 생활이나 그 사회에 미치는 영향 범위가 보편성을 뛰어

넘어 사회적 문제를 일으키고 있는데도 불구하고 자유와 권리를 당연히 누릴 수 있게 해달라고 주장하고 있습니다. 또 이런 일이 어떤 이슈로 등장하게 되고 공론화되면 대개의 사람들은 그것이 자기 욕심에 부합된다고 생각될 때 그것을 정당한 것으로 주장하면서 따라갑니다. 그러나 잘 살펴보면 명시적으로는 개인의 자유와 권리의 문제라고 주장하지만 묵시적으로는 그 개인의 왜곡된 잠재의식의 노출이든지 또는 단순히 돈벌이와 관계된 것들이 흔한 경우입니다. 통제를 하려고 해도 통제란 비인격적이고 비인간적이라는 교육 이론의 확산 때문에 이것도 여간 어려운 일이 아닙니다. 이렇게 나가다가는 통제력을 잃은 사회가 될 수도 있습니다. 각 사람이 타인으로부터 자신들을 개별화하고 차별화하고 특권화하고자 하는 자유 주장은 오히려 극심한 정신적 빈곤과 황폐를 가져오는 부작용이 있다는 것을 알아야 합니다.

 이런 시대가 된 것은 그것이 왜 정당치 못한 것이냐를 가늠하는 기준이 없기 때문입니다. 어떤 기준을 설정하려는 그 시도 자체가 합당치 못하다는 주장 때문에 기준을 세우기조차 힘듭니다. 군대나 어떤 집단이 모이기 위해서 줄을 세울 때 기준이 먼저 "기준!"을 외치면 그곳을 기준으로 하여 사람들이 줄을 서게 됩니다. 그런데 지금은 그런 기준이 애매모호한 것입니다.

혹시 누가 "기준!" 하고 외치면 사방에서 "왜 네가 기준이냐?" 하며 아우성치거나 비웃는 그런 시대인 것입니다.

이 같은 시대에 우리가 과연 어떻게 이 사회의 올바른 기준을 제시해 줄 수 있겠습니까? 그것은 다른 무엇보다도 어느 시대에도 변하지 않는 영원한 진리의 말씀을 기준으로 삼고 말씀을 따라 살게 하는 것입니다. "주의 말씀을 열므로 우둔한 자에게 비춰어 깨닫게 하나이다"(시편 119:130)라는 이 말씀을 우리가 진실로 믿고 있다면, 또한 이 세상을 비출 수 있는 능력은 말씀밖에 없다는 것을 우리가 믿는다면, 우리가 먼저 하나님의 말씀을 통해 분별력을 얻어야 하며 또한 그 말씀을 열어서 다른 사람들에게 깨닫게 해주는 삶을 살아야 합니다.

> 만군의 하나님 여호와시여, 나는 주의 이름으로 일컬음을 받는 자라. 내가 주의 말씀을 얻어먹었사오니 주의 말씀은 내게 기쁨과 내 마음의 즐거움이오나. (예레미야 15:16)

사람들은 기쁨과 즐거움을 찾기 위해 엄청난 시간과 돈을 투자하고 있습니다. 슬롯머신이니 컴퓨터 게임이니 하는 것들에 밤새도록 매달려서 눈두덩이 튀어나오고 온몸에 땀을 뻘뻘 흘려 가면서까지 그런 것에서 어떤 기쁨과 즐거움을 얻어 보려고 하는 사람들이 많이 있습니다.

요즈음 벤처 사업의 가장 유망한 분야 중의 하나는 사람들에게 즐거운 놀이가 되는 오락 산업과 연관된 것이라고 합니다. 그만큼 사람들이 기쁨과 즐거움에 목말라 있다는 것을 나타내는 것입니다. 사람들이 흔히 찾는 기쁨과 즐거움이란 감각적인 것, 자극적인 것, 초스피드적인 것들입니다. 마음의 심연에서 깊이 우러나는 그런 종류의 기쁨이란 정말 하찮은 또는 웃기는 일로 취급하면서 좀 더 짜릿한 것을 찾습니다. 전에 한 번 해본 경험이 있는 것들은 어느새 시들하게 느끼게 됩니다. 항상 새로운 것을 찾기 때문에 새로운 것을 또 만들어 내고 또다시 더 새로운 것을 만들어 내고 하지만 여전히 만족이 없습니다.

자극이란 것이 그런 것입니다. 처음에는 약간만 매워도 기침이 나고 입에 불이 나는 것같이 견디기 힘들게 느끼다가도 조금씩 매운 맛에 길들여지면 어느새 고추장을 한 숟가락씩 먹어도 괜찮은 상태가 됩니다. 왜 그렇습니까? 자극은 적응하게 되면 더 큰 자극을 요구하게 되기 때문입니다. 그러므로 이러한 만족의 요구는 채워 줄 수가 없는 것입니다.

그러나 예레미야 15:16은 주님의 말씀이 진정한 기쁨과 즐거움이라고 말씀하고 있습니다. 그렇습니다. 우리가 세상의 자극적인 기쁨, 자극적인 즐거움의 노예가 되지 말고, 마음속 깊은 곳으로부터 샘솟는 그런 기쁨을 얻기 위해 바로 하나님의 말씀을 찾아야 합니다. 그 말씀을 먹을 때 그것이 바로 우리에게 기쁨이 되고 즐거움이 되는 것입니다. 우리는 진실로 이런 즐거움과 기쁨을 누리며 살아가고 있어야 합니다. 많은 그리스도인들이 말씀에서 얻을 수 있는 참된 즐거움을 지금까지 경험해 보지 못하였기 때문에 여전히 아직도 어떤 다른 취미나 오락 등을 통해 즐거움을 얻어 보고자 정신없이 여기저기를 쫓아다니고 있습니다. 우리는 세상이 주는 그런 차원의 기쁨과는 비교가 되지 않는, 참되고 후회가 없는 기쁨을 하나님의 말씀을 통해 맛볼 수가 있습니다. 그와 같은 경험을 하며 사는 사람이 되어야 그런 기쁨의 맛을 다른 사람들에게도 나눠 줄 수 있는 사람이 되는 것입니다.

 이러한 삶을 살기 위해 구체적으로 우리는 어떤 적용이 필요하겠습니까? 시편 119:97에 보면, "내가 주의 법을 어찌 그리 사랑하는지요! 내가 그것을 종일 묵상하나이다"라고 한 말씀이 있습니다. 시편 기자는 하나님의 말씀을 너무도 사랑하였기 때문에 종일 그 말씀에 대한 생각에 빠져 있었습니다. 이것이 진정한 의미의 묵상의 태도입니다.

사람은 자기가 좋아하는 것을 자연히 묵상하게 됩니다. 예를 들면, 당구를 치는 사람은 늘 당구대 위의 당구공의 배열을 눈에 그려 보면서 '이 공을 이 각도에서 이런 정도의 힘과 스핀을 주어 치면 이리 부딪치고 저리 부딪쳐서 그리로 가겠구나' 하는 식의 생각을 하며 종일을 보낸다는 것입니다. 바둑을 좋아하는 사람은 방바닥에 누우면 천장이 온통 바둑판으로 보인다고 합니다. 흰 돌 검은 돌이 복잡하게 빽빽이 깔린 바둑판을 다 외우다시피 하며 몇 번째 돌을 어디다 두면 그 다음에는 어떻게 전개될 것이다 하는 생각을 끝없이 이어 가는 것입니다. 왜 그렇게 합니까? 이유는 단순합니다. 좋아하니까 종일 묵상하는 것입니다. 돈을 좋아하는 사람은 종일 돈을 묵상하면서 보내게 마련입니다. 그런데 시편 기자는 주님의 법을 종일 묵상하였다고 했습니다. 그것은 말씀을 너무나 사랑하였기 때문입니다. 말씀을 묵상하지 않고 수박 겉핥기 식으로 대하는 사람은 결코 말씀의 즐거움과 기쁨을 맛보지 못합니다.

시편 119:147에서 시편 기자는 "내가 새벽 전에 부르짖으며 주의 말씀을 바랐사오며"라고 했습니다. 새벽 일찍 해 뜨기 전에 하나님의 말씀을 사모하고 묵상하였습니다. 또 그 다음 구절인 148절에서는 "주의 말씀을 묵상하려고 내 눈이 야경이 깊기 전에 깨었나이다"라고 하였습니다. 일반적으로 사람들은 근심 걱정이 많으면 그 생각에 사로잡혀 괴롭게 불면의 밤을 보내든지, 아니면 정반대로 그 문제에서 도피하고자 차라리 깊은 잠에 빠져들기도 합니다. 그런데 시편 기자는 자신의 문제의 해결은 말씀에 있다고 믿었기 때문에, 말씀이 주는 해답에 희망을 걸고 밤중에도 잠을 버리고 말씀을 묵상한 것입니다. 이러한 묵상을 해본 사람만이 문제의 진정한 해결책은 하나님의 말씀에서 찾을 수 있다는 것을 경험하게 되기 때문에, 주님의 말씀이 우리에게 그렇게 달고 즐겁고 기쁨이 된다고 간증할 수 있게 되는 것입니다.

> 그러므로 예수께서 자기를 믿은 유대인들에게 이르시되, "너희가 내 말에 거하면 참 내 제자가 되고 진리를 알지니, 진리가 너희를 자유케 하리라." (요한복음 8:31-32)

이 말씀에서 우리가 그리스도의 참제자가 되는 데에는 중요한 조건이 한 가지 있음을 보게 됩니다. 그것은 "너희가 내 말에 거하면"이라는 조건입니다. 제자가 되고자 하는 마음은 그리스도인이라면 누구나 다 있을 줄로 압니다. 그러나 그러한 결과가 이루어지기 위해서는 말씀에 거하는 삶을 살아야 한다는 조건이 있습니다. 말씀에 거하는 것은 단지 묵상만 하는 수준에 머무는 것이 아니라 그 진리의 말씀의 교훈이나 명령을 실제 삶에서 그대로 실천하고 순종하는 것을 의미합니다. 말씀을 삶에서 경험하며 살 때 주님의 제자의 삶에서 말씀이 주는 진정한 자유를 누리게 됩니다. 진리의 말씀을 삶에서 경험하지 못하는 사람은 신앙생활이 항상 고행 길같이만 여겨집니다. 십자가를 지고 가시밭길을 통해 골고다 언덕 위로 올라가는 것 같은 모습으로만 일생을 살게 되는 것입니다.

그러나 십자가 이후의, 주님의 승리로 말미암아 얻게 되는 그 큰 은혜와 천국의 기쁨과 감사가 넘치는 그런 풍성한 삶, 진정한 자유를 누리는 삶, 율법의 정죄로부터 자유롭고 세상 욕심과 죄의 유혹으로부터 자유로우며 또한 악하고 간사한 것으로부터 자유로운 그런 삶을 사는 참제자가 되려면, 말씀에 거하는 경험을 해야 합니다.

에스겔 3:1-3은 우리가 말씀을 섭취하는 것을 음식 먹는 것과 똑같은 표현으로 말씀하고 있습니다.

> 그가 또 내게 이르시되, "인자야, 너는 받는 것을 먹으라. 너는 이 두루마리를 먹고 가서 이스라엘 족속에게 고하라" 하시기로 내가 입을 벌리니, 그가 그 두루마리를 내게 먹이시며 내게 이르시되, "인자야, 내가 네게 주는 이 두루마리로 네 배에

넣으며 네 창자에 채우라" 하시기에 내가 먹으니,
그것이 내 입에서 달기가 꿀 같더라.

 말씀을 받고 그것을 먹어 창자에 채우고 소화를 시켜 내 것이 되게 하는 것입니다. 그리고 다음에는 "이스라엘 족속에게 고하라"라고 명령하신 것과 같이, 우리도 하나님의 말씀을 섭취하였으면 당연히 다음으로는 다른 사람에게 전달하는 일이 일어나야 합니다. 그런데 이렇게 남에게 고할 수 있으려면 먼저 자신이 말씀을 꿀같이 달게 먹고 소화시키는 경험이 선행되어야 합니다. 이 말씀을 꿀같이 달게 섭취하고 내 안에서 소화시키면 영적 활력과 능력이 생기게 됩니다. 내가 섭취한 말씀이 내 확신이 되고 내 가치관이 되고 내 사상과 내 사고방식이 되는 것입니다. 이렇게 되면 미지근한 삶을 살 수가 없습니다. 미지근한 성격도 극복하고 미지근한 환경도 극복하게 됩니다. 대부분의 사람들이 소위 '미지근 철학'으로 사는 시내가 와도 우리들은 모든 미지근한 것을 초월하여 열정적인 사람이 될 수 있습니다. 에스겔이 이스라엘 족속에게 말씀을 고하는 열정은 바로 하나님의 말씀을 받아먹을 때 가능하게 된 것과 같이 우리에게도 아무 다를 바가 없습니다.
 에베소서 6장에 보면 사도 바울이 기도를 부탁한 내용이 나옵니다. "또 나를 위하여 구할 것은, 내게 말씀을 주사, 나로 입을 벌려 복음의 비밀을 담대히 알리게 하옵소서 할 것이니"(19절). 이 말씀에서 우리는 때때로 앞부분의 말씀은 간과하고 뒤의 "입을 벌려 복음의 비밀을 담대히 알리게 하옵소서"라고 한 부분만 기억하는 경우가 있습니다. 그러나 그 앞에 나오는 내용인 "내게 말씀을 주사"라고 언급한 것에 먼저 주목해야 합니다. 사도 바울은 이렇게 자신이 먼저 하나님의 말씀으로 차고 넘치는 사람이 될 수 있도록 기도해 달라고 부탁한 것입니다. 자신이 먼저 말씀으로 충만히 채워졌을 때, 드디어 하나님의 말씀을 능력 있게 다른 사람들에게 전달할 수 있게 됩니다.

2. 기도하는 그리스도인은 미지근하게 살지 않는다

> 저희가 사도의 가르침을 받아 서로 교제하며 떡을 떼며 기도하기를 전혀 힘쓰니라. (사도행전 2:42)

기도하는 그리스도인이 되는 것이 미지근한 삶을 살지 않게 해주는 또 하나의 중요한 요소입니다. 초대교회의 열정적인 삶의 원동력은 말씀뿐만 아니라 또한 기도에 있었습니다. 그들은 기도를 단지 종교 의식의 하나로 정해진 시간에만 한 것이 아니었습니다. 기도 자체가 삶이었습니다. 그들은 "기도하기를 전혀 힘쓰니라"라고 한 것처럼 몸과 마음을 다하여 기도하는 일에 드려졌습니다.

사도행전 16:13에 보면, 사도 바울이 안식일에 기도처가 있는가 하여 기도처를 찾아가는 것을 보게 됩니다. 이렇게 바울은 기도처를 찾아가다가 문 밖 강가에 나가 거기 모인 여자들에게 전도하였고 그때 루디아가 예수님을 믿게 되었습니다. 또 사도행전 16:16에도 기도하기 위해 기도처를 찾아가다가 거기서 귀신들린 여종 하나를 만나 전도한 내용이 나옵니다. 이처럼 선교에의 활기, 새로운 선교의 기회와 시작 등 선교의 모든 것은 기도하는 삶을 살 때 일어나는 것입니다. 기도 없이는 선교가 일어날 수 없습니다. 21세기를 맞이한 우리는 이 시대의 선교가 하나님의 힘과 지혜와 인도하심으로 말미암아 놀라운 결과로 나타나도록 살아 계신 하나님께 힘을 다하여 기도해야겠습니다.

사도행전 10장에 보면 베드로가 기도하러 지붕에 올라간 것을 보게 됩니다. 그는 거기서 기도하다가 이방 선교의 환상을 보게 되었습니다. 하나님의 인도하심 가운데 베드로는 고넬료를 만났고 이로써 이방인 전도의 문이 열리게 되었습니다. 바울과 베드로는 매우 바쁜 삶을 사는 사람들이었지만 그런 중에도 그들은 기도하기 위해 기도처를 찾아 나섰고 기도하기 위해 지붕에 올라

갔습니다. 그들의 선교는 기도로 시작되었고 그들의 열매도 기도의 결과로 얻게 되었던 것입니다.

출애굽기 24:12-18에는 모세가 하나님의 계명과 지시들을 받기 위해 산에 올라간 내용이 기록되어 있습니다. 18절에 보면 모세는 구름 속으로 들어가서 산 위에 올랐으며 사십 일 밤낮을 거기에 머물렀다고 했습니다. 그가 산 위에서 여호와의 임재 가운데 40일을 보낼 때 다른 할 일이 없어서 그렇게 한 것은 결코 아니었습니다. 그는 이스라엘 백성 전체를 이끌고 광야 길을 가고 있던 중이었습니다. 그것도 어떤 정착된 위치에서 이끌고 있었던 것이 아니라 광야에서 진행 중에 있는 어려운 상황에서 지도자인 그가 그 자리를 40일 동안이나 떠나 있었습니다. 이런 상황에서는 하루만 자리를 비워도 심각한 문제가 생길 수 있는 것입니다. 지도자가 40일 동안이나 백성을 떠나 있으면 어떤 문제가 생길 것인지에 대해 모세가 몰랐을 리는 없습니다. 그는 엄청난 문제가 생길 위험성에 대해 충분히 알고 있었을 것입니다. 그런데도 불구하고 모세는 백성들을 떠나 하나님 앞에 나아갔습니다. 하나님과 단둘이만 만나는 시간을 가졌습니다. 그런 후에 돌아왔을 때 아닌 게 아니라 아주 심각한 문제가 생겼습니다.

출애굽기 32:1-4은 이스라엘 백성들 중에 어떤 문제가 생겼는지 보여 줍니다. 문제의 발단은 1절에서 발견

됩니다. "백성이 모세가 산에서 내려옴이 더딤을 보고…." 백성들은 아무리 기다려도 모세가 오지 않으니까 참지 못하고 아론에게 몰려가서 그에게 "일어나라. 우리를 인도할 신을 우리를 위하여 만들라. 이 모세 곧 우리를 애굽 땅에서 인도하여 낸 사람은 어찌 되었는지 알지 못함이니라"라고 말하며 우상 만들기를 종용하였습니다.

그러면 백성들로부터 이런 압력을 받은 아론은 어떤 사람이었습니까? 하나님을 경험한 영적인 사람이었습니다. 출애굽기 24:14에 보면 모세가 부재중에는 아론과 훌이 백성의 지도자 역할을 하게 되어 있었습니다. 그러므로 그도 모세와 같이 백성을 이끌 수 있는 뛰어난 영적인 분별력이 있는 사람이라고 생각되는데 어떻게 그런 우상을 만드는 일을 할 수 있었겠습니까? 잘 이해가 안 되는 내용이기도 합니다. 혹 어떻게 생각하면 백성들의, 미래에 대한 불안감과 모세 및 지도자들에 대한 극심한 불만으로 뒤섞인 감정의 표출로 인하여 아론은 개인적인 고민이나 고심을 해볼 겨를도 없이 군중의 압력에 끌려 자신이 무엇을 하는지도 모르고 이런 결정을 했을지도 모릅니다. 혹은 심각한 정치적 현안을 궁여지책으로 해결하기 위해 그런 아이디어를 냈는지도 모릅니다. 금송아지를 만드는 것은 우상숭배가 된다는 것을 알면서도 단지 백성들로 분열이 되지 않도록 하기 위해 하나의 가시적인 구심점으로 삼고자 현실과 타협하는 태도로 그렇게 했을 수도 있을 것입니다.

그렇다고 해도 아론의 행동은 여전히 이해하기 어려운 면이 많습니다. 여하튼 그만큼 백성들의 문제는 긴급하고 심각했던 것입니다. 그런데 금송아지를 만들자마자 즉시 다음 단계는 백성들의 타락으로 이어졌습니다. 백성들이 급격히 음란한 타락으로 빠져든 것입니다. 이럴 때 모세는 '아차, 내가 잘못했구나. 저 백성들을 내가 잠시도 떠나지 말고 함께 있었더라면 좋았을 텐데…' 하며 자신에 대해 후회를 한다든가 하지 않았습니다. 자기가 백성들을 오랫동안 떠나 하나님과 교제한 것이 올바른 판단이 아니었다고 후회하거나 원망하는 생각을 갖지 않았습니다.

우리에게도 하나님을 만나고 기도하는 것 때문에 당할 것이라 예측되는 어떤 어려움이 있습니까? 그러나 우리는 바로 그런 것을 극복해야 합니다. 모세의 경우 그 자신이 이끄는 백성들에게 많은 문제가 발생되든지 아니면 모세 자신의 위치가 흔들릴 것 같은 문제가 예상되더라도, 혹은 다니엘처럼 붙잡혀서 죽을 수도 있는 그런 처지 가운데 있더라도, 그들은 하나님과 친밀히 교제하며 기도하였습니다. 그런 기도의 결과로 일시적인 문제가 생기기는 했었지만 그 해결은 영원하였습니다.

영원히 그들에게 굳건히 서 있는 하나님의 뜻을 보여 줄 수 있었습니다.

그렇기 때문에 우리는 히브리서 4:16 말씀대로 때를 따라 돕는 은혜를 얻기 위해서 은혜의 보좌 앞에 담대히 나아가야 합니다. 여기서 담대히 나아간다는 것은, 우리의 연약함과 부족으로 인하여 하나님에 대한 두려운 생각이 있지만, 그리스도의 은혜를 믿고 또 주님의 보좌는 은혜의 보좌임을 믿고, 담대히 두려운 마음을 떨치고 나아가야 한다는 의미입니다. 하지만 또 다른 한 편으로는, 기도에 시간을 많이 들임으로 파생될 수 있는 다른 문제들에 대한 염려와 근심이 우리 마음에 일어날 수 있는데, 이러한 생각들을 담대하게 떨쳐 버리고 나아가야 한다는 의미도 생각해 볼 수 있을 것입니다.

하나님의 은혜의 보좌 앞에 나아가 무릎을 꿇을 때에 모든 문제가 해결된다는 믿음을 가져야 합니다. 하루 종일 꼼짝 않고 백성들의 문제만을 해결하고 있는 것보다도 시간을 내어 하나님 앞에 나아가 하나님과 시간을 보내고 오는 것이 보다 근본적으로 또 더 올바르게 백성들의 문제를 해결할 수 있다는 것을 모세는 경험했던 것입니다.

우리에게 있어서도 마찬가지입니다. 우리가 초대교회의 모범을 따라 열심으로 기도에 힘쓴다면, 우리는 미지근한 그리스도인이 결단코 되지 않을 것입니다. 오늘날의 많은 교회가 라오디게아 교회처럼 점점 미지근해진다 하더라도, 우리가 말씀에 깊이 뿌리를 박고 또한 기도에 전혀 힘쓰는 삶을 산다면, 우리는 영적 능력을 풍성히 누리게 될 것이며, 하나님께서 맡겨 주신 지상사명을 성취하는 일에 놀랍게 사용될 것입니다.

3. 배우는 삶을 즐기는 사람은 미지근해지지 않는다

이 시대의 그리스도인들은 다원화된 그 사회의 분위기가 주는 압력 때문에 가능한 대로 자기 신앙을 드러내지 않고 적당히 타협하며 살아가는 경향이 심화되어 갈 것입니다. 교회 울타리 안에서의 생활이나 활동에서는 비교적 그 모습이 덜 드러날지 모르지만 교회 밖으로 나갔을 때의 개방된 삶에서는 하나님을 배우고 섬기며 나타내는 신앙 면에서 그 미온적 태도로의 변화가 극명해질 것입니다. 이런 상태가 지속되다 보면 많은 그리스도인에게 종교 의식은 여전히 남아 있을 수 있으나 신앙으로 사는 삶은 사라져 버리는 결과가 올까 두렵습니다.

예수님께서는 누가복음 18:8에서 "인자가 올 때에 세상에서 믿음을 보겠느냐?" 하고 경고하셨습니다. 예수님은 여기에서 믿는 자들을 보겠느냐고 말씀하시지 않았습니다. 아마도 그리스도인들은 여전히 많을 것입니다. 그러나 실제 삶에서 믿음을 적용하고 경험하는 생명력 넘치는 삶은 사라져 갈 수 있다는 것입니다. 이런 상태에서는 그리스도를 알고 그를 알게 하는 삶을 살기 위해 절대적으로 필요한, 이 배우는 일이 결국 시들해져 버릴 것입니다.

그러나 이런 때일수록 용기를 내어 우리가 배우는 일에 드려지다 보면 주님을 더 깊이 알게 되고 그렇게 깊이 안 만큼 그 기쁨과 열정은 더욱 커질 것입니다. 처음은 피동적으로 거의 억지로 배우는 일에 드려지더라도, 나중에는 더욱 능동적이고 자발적이 되고 열정적이 되어 미지근한 태도는 사라져 버리게 될 것입니다. 그렇습니다. 달리고 있는 자전거는 넘어지지 않듯이 배우는 삶을 달려가고 있는 사람은 미지근함에 빠질 수가 없습니다. 갈수록 더욱 열정적이고 생기가 넘칠 것입니다.

요즈음은 음식이 좋아지고 의학도 발달하게 되어 사람들의 평균 수명이 갈수록 높아지고 있습니다. 평균 수명이 높다는 것은 달리 표현하면 노령 인구가 갈수록 증가하고 있다는 것입니다. 이렇게 많아진 노인들 중에는 그들이 마땅히 할 수 있는 알맞은 일들이 별로 없는 것을 보게 됩니다. 공원 주변 벤치에 속절없이 앉아서 하루 종일 의미 없이 시간을 보내는 노인들이 많습니다. 그런 사람 중 한 명에게 어떤 취재 기자가 찾아가서 원하는 것이 무엇이냐고 질문하니까 그 사람은 죽고 싶을 뿐이라고 대답하는 것이었습니다. 자기는 더 이상 할 일도 없고 살아야 할 의미도 없다고 했습니다.

그러나 노인들 중에도 그런 사람만 있는 것은 아닙니다. 어떤 노인은 나이가 무색할 정도로 새로운 것을 배우려는 열정을 가진 경우도 있습니다. 여러 강연을 들으러 부지런히 찾아다니는 사람도 있고, 나이가 많은데도 불구하고 처음 대하는 어려운 컴퓨터를 열심히 배운다든지, 화분을 가꾸기 시작한다든지, 자원봉사를 한다든지 등등 나름대로 의미 있는 일을 찾아서 배워 나가는 노인들도 있습니다. 한 편은 배우는 것을 포기한 사람들이고 다른 한 편은 배우기를 지속하는 사람들이라는 차이인데, 배우느냐 배우지 않느냐는 그 차이가 별것 아닌 것같이 생각될지 몰라도 사실 그 삶의 결과는 큰 차이가 있습니다. 한쪽은 살아 있으면서도 그저 죽을 날만 기다리는 듯 의미 없이 맥 빠진 삶을 살아가고 있는 반면에, 다른 한쪽은 늙어도 늙지 않는 젊은이처럼 사는 사람입니다.

마태복음 11:28에서 예수님께서 배우는 삶에 대해 도전하실 때 "수고하고 무거운 짐 진 자들아"라고 부르셨습니다. 젊은 사람들만 하는 일이 많아서 수고하고 무거운 짐을 진 것이 아니라 늙은 사람도 나름대로 수고하고 무거운 짐을 지고 있습니다. 가정 안에서 역할의 상실과 정서적 압박감 등 그 짐이 대단히 무겁습니다. 50대 연령층 중 가출과 자살하는 비율이 우리나라가 매우 높다는 말을 들었습니다. 또 젊은이는 젊은이대로, 청소년들은 청소년대로 그들 나름의 엄청난 수고와 힘든 짐이 그들을 짓누르고 있습니다. 그만큼 힘들고 고통스러운 사람들이 이 땅에 많이 있습니다. 바로 이런 사람들을 주님께서는 "다 내게로 오라. 내가 너희를 쉬게 하리라"라고 초청하시는 것입니다.

그러면 주님께 와서 무엇을 하라는 것입니까? 29절에서 "나는 마음이 온유하고 겸손하니 나의 멍에를 메고 내게 배우라. 그러면 너희 마음이 쉼을 얻으리니"라고 하신 말씀처럼 배우는 일을 하는 것입니다. 주님께 와서 배우는 것만이 진정한 쉼과 만족을 얻을 수 있는 비결입니다. 지금 20대나 30대의 젊은 사람들도 금방 50대가 되고 60대가 됩니다. 배우는 일은 사실 나이가 들수록 어려워지는 것이 일반적인 현실입니다. 그러므로 젊은 시절부터 주님의 멍에를 메고 배우는 일을 습관화하고 생활화하고 인격화해야 합니다.

그런데 또 어떤 사람들은 주님께 배우는 것 자체는 좋다고 인정하지만 주님께 나아와 멍에를 메고 배우는 것은 싫어하는 경우가 있습니다. 그러면 우리가 배울 때

메어야 할 멍에란 과연 무엇을 의미합니까? 여러 가지로 설명할 수 있겠지만 가장 단순하게 이해할 수 있는 것은 예수 그리스도의 지배하에 들어가는 것입니다. 우리 주위에 젊었을 때 교회 생활을 충실히 하였고 거기에다가 신학까지 공부한 사람들 중에 나이 들어서는 오히려 기독교를 비판하고 신앙인 같지 않게 사는 사람들이 종종 있는 것을 보게 되는데, 그들이 그렇게 사는 것은 젊었을 때에 배우기는 했지만 한 번도 예수님의 지배권에 굴복한 적이 없이 배웠기 때문에 그렇습니다. 주님의 지배권에 굴복하지 않고 자기 머리와 자기 재주로는 아무리 배워 보아도 하나님을 알게 되지는 못하는 것입니다. 예수 그리스도의 지배하에 자신을 맡기는 믿음, 그 주재권을 주님께 두는 것이 바로 멍에를 메는 것입니다.

마음이 온유하고 겸손하신 주님의 지배하에 들어가는 믿음을 가질 때 마음에 쉼을 얻게 되고 또한 배우는 것이 쉽고 즐겁습니다. 유대의 종교 지도자들이 메어 주는 멍에는 참으로 감당할 수 없는 무겁고 괴로운 것이었습니다. 그러나 예수님께서 메어 주시는 멍에는 우리에게 쉽고 가볍기 때문에 배우는 일이 즐겁고 또한 쉼이 되는 것입니다. 예수님의 주님 되심을 인정하는 믿음으로 살면 주님께서 친히 우리를 위해 이루어 주시고 감당해 주시는 것입니다. 그러므로 우리에게는 쉽고 가벼운 것입니다. 이러한 배움의 삶을 사는 사람은 50대의 갈등이나 60대의 갈등이 생기지 않게 됩니다. 그래서 우리가 그리스도의 멍에를 메고 일생 동안 배우는 삶을 유지해 가면 결코 미지근하지 않게 되고 늘 새로운 활력이 넘치는 열정적인 그리스도인이 될 수 있습니다.

 누가복음 9, 10장부터 시작하여 22장까지를 살펴보면, 예수님께서 제자들을 훈련하시고 교훈하신 내용 중에 그들에게 서로 다른 지시를 하신 것을 볼 수 있습니다. 누가복음 9:3에서 예수님께서는 열두 제자를 내어 보내실 때 "여행을 위하여 아무것도 가지지 말라. 지팡이나 주머니나 양식이나 돈이나 두 벌 옷을 가지지 말며"라고 말씀하셨고, 10:4에서도 달리 칠십 인을 세우시고 둘씩 각동 각처로 보내시면서 "전대나 주머니나 신을 가지지 말며 길에서 아무에게도 문안하지 말며"라고 말씀하셨습니다. 예수님께서 이때는 제자들에게 "여행을 위하여 아무것도 가지지 말라"라고 말씀하신 것입니다. 여기까지는 예수님께서 전도 여행을 떠나는 제자들에게 일관된 지시를 하신 것을 볼 수 있습니다. 그런데 후에 누가복음 22:35-36에서는 이전과는 정반대로, "내가 너희를 전대와 주머니와 신도 없이 보내었을 때에 부족한 것이 있더냐?… 이제는 전대 있는 자는 가질 것이요 주머니도 그리하고 검 없는 자는 겉옷을 팔아 살지어다"라고 말씀하셨습니다.

　동일하신 예수님께서 동일한 제자들에게 왜 전과는 다른 지시를 하신 것입니까? 이런 것에 대해 예수님께서 왜 한 방향으로 가르치시지 않고 이랬다저랬다 일관성 없이 가르치실까 하고 생각하면서 불평하는 제자가 혹 있을 수도 있습니다. 그러나 이런 상황들에서 때때로 자신이 생각하고 분별하는 바와 다른 일이 생길 때에도, 그것이 하나님의 새로운 훈련 프로그램인 것을 인정하고 긍정적인 마음을 유지하며 배워야 합니다. 이런 때 제자 중 한 사람이라도 배우는 마음을 갖지 못한다면 즉시 오해하고 불평하게 되는 것입니다. '왜 지도자가 그때는 그래라 했다가 지금은 이래라 하는가? 앞뒤가 맞지 않는 것 아닌가?' 하고 불평을 할 수 있습니다. 그런데 우리를 위해 세워 놓으신, 때에 맞고 상황에 맞는 최선의 하나님의 방법을 배우고자 하는 태도를 가지면, 변화된 상황에 맞는 새롭고 적절한 교훈을 배울 수 있게 됩니다. 배우는 기쁨과 유익을 더 많이 경험하게 되므로 더욱 열정적으로 발전하게 되며 결코 미지근해지지 않게 됩니다.

　요한복음 13:15에서 예수님께서는 "내가 너희에게 행한 것같이 너희도 행하게 하려 하여 본을 보였노라"라고 말씀하셨습니다. 여기서 우리가 배워야 할 것은 단순한 지적 전달에 의해 알게 되는 것만이 우리의 배우는 삶의 왕도는 아니라는 것입니다. 배우는 삶을 사는 데 있어서 또 하나의 중요한 요소는 반드시 볼 수 있는 본이 있어야 하는 것입니다. 앞서간 본이 있어야만 그것을 따라 실천함으로 배울 수 있는 것입니다. 우리는 예수님께서 많은 본을 보이심으로 제자들을 가르치신 것을 성경에서 발견할 수 있고, 또한 다른 많은 주님의 종들의 삶을 통해서도 이렇게 본을 보이는 삶을 발견할 수 있습니다. 현재도 우리 각 사람의 영적 지도자의 본을 비롯한 주위의 다른 많은 형제 자매들의 삶의 본을 통해 배움으로 우리는 배우는 일의 기쁨과 유익을 경험하게 됩니다.

우리가 성경에 나타난, 또는 우리 주위의 존경스러운 분들의 본을 통해서 배우는 것은 매우 중요하며 당연한 것입니다. 그러나 우리의 배우는 삶은 여기에서 그쳐서는 안 됩니다. 성경은 우리가 한낱 미물에 속하는 것들을 통해서도 배울 것을 권면하고 있습니다. 잠언 6:6-8에 보면 "게으른 자여, 개미에게로 가서 그 하는 것을 보고 지혜를 얻으라"라고 말씀하십니다. 이 말씀은 개미가 우리의 스승이 될 수 있다는 의미입니다. 우리는 자연을 통해서, 혹은 그 속의 작은 미물을 통해서도 배워야 한다는 말씀입니다. 우리가 배우지 못하는 것은 선생이 없어서 그런 것이 아닙니다. 문제는 자신의 마음이 겸손하지 못하고 열정이 없고 배우는 태도가 미지근하기 때문입니다.

　마태복음 11:17에서 예수님께서는 이 세대에 대한 비유로 "피리를 불어도 너희가 춤추지 않고 우리가 애곡하여도 너희가 가슴을 치지 아니하였다 함과 같도다"라고 말씀하셨습니다. 이 세대의 사람들은 영적인 일에 대해 대체로 반응이 없고 냉랭하고 무관심합니다. 적극적으로 배우려는 의욕이 없고 미지근한 마음으로 살아가고 있습니다. 이럴 때에 우리가 주님 앞에서 순수한 마음으로 배우는 일에 열심하면 하나님께서 우리를 귀히 여겨 주시고 우리에게 필요한 영적 능력과 지혜와 창의적인 생각들을 충만히 채워 주시는 것입니다. 이로 말미암아 우리의 열정은 더욱 불타게 되고 미지근함이란 찾아볼 수 없게 됩니다.

　사도행전 18:25-28에 보면 아볼로라는 인물이 나옵니다.

> 그가 일찍 주의 도를 배워 열심으로 예수에 관한 것을 자세히 말하며 가르치나 요한의 세례만 알 따름이라. 그가 회당에서 담대히 말하기를 시작하거늘, 브리스길라와 아굴라가 듣고 데려다가 하나님의 도를 더 자세히 풀어 이르더라. 아볼로가 아가야로 건너가고자 하니 형제들이 저를 장려하며 제자들에게 편지하여 영접하라 하였더니,

> 저가 가매 은혜로 말미암아 믿은 자들에게 많은 유익을 주니, 이는 성경으로써 예수는 그리스도라고 증거하여 공중 앞에서 유력하게 유대인의 말을 이김일러라.

아볼로는 유능한 성경학자였습니다. 그는 일찍 주님의 도를 배워 열심으로 예수님에 관한 것을 자세히 남에게 말해 주고 가르치던 사람이었습니다. 그런데 그가 가르치고 있는 예수님에 관한 내용에는 어떤 한계가 있었고 중요한 핵심이 빠져 있었습니다. 이에 대하여 위 구절 말씀에서는 "요한의 세례만 알 따름이라"라고 짧게 함축적으로 표현하고 있습니다.

그러므로 브리스길라와 아굴라 부부는 아볼로가 가르치는 내용을 들어 볼 때 그가 성경에 대한 지식이 해박하고 논리가 정연한 뛰어난 학자임에는 틀림없지만 아직도 그리스도를 유대인의 메시야로 오신 분으로 그들의 민족적 관점의 수준에서만 이해하고 있는 것으로 생각한 것 같습니다. 그래서 그를 조용히 불러서, 예수님께서 유대인뿐만 아니라 온 세상의 구세주로 오신 분이라는 내용을 포함하여 예수 그리스도에 대하여 그가 모르던 내용을 더 자세히 풀어 설명해 주었습니다. 이것을 듣고 아볼로는 새로운 깨달음을 얻었습니다. 그는 자신이 그때까지 지극히 제한된 깨달음을 가지고 있었던 것을 발견하고 새롭게 배우고 변화되었습니다. 그 결과로 28절에 보면 그의 영향력은 매우 커졌습니다. "이는 성경으로써 예수는 그리스도라고 증거하여 공중 앞에서 유력하게 유대인의 말을 이김일러라." 이렇게 그는 더욱 능력 있게 예수님께서 그리스도이심을 증거하여 많은 사람들에게 영향을 줄 수 있었습니다.

우리 주변의 학자들은 어떻습니까? 일반적으로 학문을 많이 한 학자들은 자신의 학설이나 이론에 대한 확신과 자존심이 대단합니다. 자기가 틀렸더라도 끝까지 고집하는 경우가 많은 것을 볼 수가 있습니다. 하지만 아볼로는 아주 겸손한 학자였습니다. 천막이나 만드는 평범한 부부가 감히 성경학자인 자기에게 와서 성경을 가르치는 것에 불쾌히 생각하고 거부할 수도 있을 법한 위치에 있었지만 그는 겸손하게 듣고 새로운 변화를 경험하였습니다. 아볼로의 배우는 태도에서 볼 수 있는 것처럼 우리도 인간적인 자존심과 교만을 뿌리치고 겸손하게 배우는 자가 되어야겠습니다. 아볼로는 배우는 태도 때문에 새로운 사실을 깨달았고 또한 새로운 사실을 깨달은 것 때문에 그는 더 열정적인 삶을 사는 사람이 되었습니다(27-28절 참조).

우리는 매일의 생활 속에서 항상 새롭게 배우는 태도를 가져야 합니다. 예레미야애가 3:22-23 말씀에서 예레미야는 "여호와의 자비와 긍휼이 무궁하시므로 우리가 진멸되지 아니함이니이다. 이것이 아침마다 새로우니 주의 성실이 크도소이다"라고 하며 절망 가운데 있을 수밖에 없는 처지에서 오히려 매일 새롭게 하나님의 자비와 긍휼과 약속에 성실하심을 경험한 것을 이야기하고 있습니다. 우리는 수없이 읽은 성경 말씀을 통해서도 새롭게 배우는 태도가 있어야 합니다. '그것은 옛날에 다 읽은 것이다.' '이미 다 아는 말씀이다.' '그리스도인의 생활 연구 같은 성경공부 교재는 열 번도 더 공부했다. 거기서 더 이상 뭘 배울 것이 있겠느냐?' 이런 식의 생각과 태도를 가져서는 안 됩니다. 우리는 아침마다 새롭게 주님의 긍휼과 은혜를 경험하며 배워야 합니다. 나 자신을 보면 진멸될 수밖에 없는 존재이지만 긍휼과 자비 때문에 생존하고 있다는 사실을 아침마다 확인하며 주님의 약속의 성실하심을 배우고 찬양해야 합니다.

이렇게 배우는 태도로 주님 앞에 나가면 하나님께서는 똑같은 말씀이나 똑같은 사건을 통해서도 우리에게 새로운 교훈과 지혜를 주십니다. 새로운 시시를 주시고 새로운 방향을 제시해 주십니다. 받은 은혜도 날마다 새롭게 헤아려 보며 묵상해 볼 때 그 안에 있는 하나님의 자비하심과 긍휼이 우리에게 새롭게 다가오게 되는 것입니다. 이렇게 새롭게 받아들이는 태도가 배우는 태도입니다.

마태복음 5:3에서 예수님께서는 "심령이 가난한 자는

복이 있나니 천국이 저희 것임이요"라고 말씀하십니다. 여기서 가난한 심령이라는 것은 어떤 심령을 말합니까? 그것은 곧 자신에게 많은 필요가 있다고 느끼는 마음이며 배우고자 하는 마음입니다. 영적 빈곤을 자각하는 마음이며 자신에 대해 무력함과 부족함을 깨닫는 마음입니다. 아무 필요도 느끼지 않는 마음 즉 부요한 마음과 교만한 마음은 하나님의 은혜를 얻을 수가 없습니다. 가난하고 굶주린 마음, 겸손하게 배우고자 하는 마음을 가질 때 하나님께서는 새로운 것을 우리에게 넣어 주시기 때문에 우리는 영적 활력을 얻게 되어 힘 있는 삶을 살게 되고 결코 미지근해지지 않습니다.

우리는 또한 배우는 일의 발전을 위해서 빌립보서 2:3 말씀처럼 "아무 일에든지 다툼이나 허영으로 하지 말고, 오직 겸손한 마음으로 각각 자기보다 남을 낫게 여기는" 태도가 필요합니다. 인간관계에서 겸손해야 합니다. 그리스도인들 중에 종종 자신이 다른 사람들과의 관계에서는 겸손에 관한 한 조금 문제가 있긴 하지만 그래도 하나님 앞에서는 자신이 겸손하기 때문에 문제가 없다고 생각하는 사람들이 있습니다. 그러나 사실 인간관계에서 겸손하지 못한 사람은 하나님 앞에서도 겸손하지 못합니다. 남을 자기보다 낫게 여기고 그 사람이 하는 말이나 경험한 내용 및 가르치는 것들을 잘 배우면 많은 것을 얻게 됩니다.

우리가 새로운 시대를 맞이했지만 배우는 태도를 갖지 않으면 새로운 시대가 아무 의미가 없습니다. 아무 변화와 발전이 없는 무가치한 세월을 보내게 될 것입니다. 그러나 배우는 태도를 가지면 새로운 시대에 더욱 의미 있고 가치 있는 삶을 살게 될 것이며 시대적 조류와 관계없이 잠시도 미지근하지 않고 열정적으로 살게 될 것입니다.

4. 선교에 드려질 때 미지근함을 버리고 열심을 유지하게 된다

어린 시절을 보낸 고향을 떠나는 것은 나에게는 감정적으로 매우 힘든 것이었습니다. 고향을 떠나기 전날 나는 뒷동산에 올라 아름답고 슬프고 부끄럽고 아쉽고 보람스러웠던 모든 추억들이 얽히고설킨 동네를 마지막으로 내려다보며 가슴 아파했던 것이 지금도 기억에 생생합니다. 뛰어놀다 걸려 넘어셨던 그 작은 돌을 지그시 밟아도 보고, 매달려 놀던 나뭇가지를 한번 흔들어 보기도 하고, 등을 기대고 책을 읽던 이름 없는 한 무덤도 쓰다듬다가 몇 번이고 뒤돌아보며 내려왔던 그날이 생각납니다. 햇빛에 반짝이던 돌비늘들이 작은 동산의 눈물처럼이나 슬퍼 보였습니다. 누구에게나 고향을 떠나는 것은 어려운 일입니다.

아브라함이 이미 늙은 나이에 하나님의 명령을 따라 본토 친척 아비 집을 떠날 때도 누구 못지않게 감정적으로 힘든 일이었을 것입니다. 그럼에도 불구하고 하나님께서 그를 불러 약속의 땅을 향해 떠나도록 하시고 그곳에서 하나님을 부르고 하나님을 나타내는 선교사로서의 삶을 살도록 하셨을 때, 그는 모든 것을 뿌리치고 믿음으로 순종하여 나아갔습니다.

어느 날 예수님께서 세 제자들과 함께 어떤 높은 산에 올라가셨습니다. 마태복음 17:1-8에 상세히 기록된 이야기입니다. 그때 일어난 사건으로 말미암아 그 산을 우리가 변화산이라고 부르고 있습니다. 제자들이 함께 있는 자리에서 주님께서 갑자기 변형되셨습니다. 얼굴이 해같이 빛나고 그 옷이 빛과 같이 희어졌으며 게다가 모세와 엘리야가 그곳에 나타나게 되었습니다. 모세와 엘리야가 나타나 주님과 더불어 말씀하시는 것을 보게 된 세 제자들은 너무나 황홀하고 신비스러웠습니다. 그때 베드로는 예수님께 이런 요청을 하였습니다.

> 주여, 우리가 여기 있는 것이 좋사오니, 주께서 만일 원하시면 내가 여기서 초막 셋을 짓되, 하나는 주를 위하여, 하나는 모세를 위하여, 하나는 엘리야를 위하여 하리이다. (4절)

그들은 더 이상 바랄 것이 없는 경험을 하였기 때문에 이제부터는 거기에 초막을 짓고 마냥 거기 머물러 있으면서 신비함과 황홀함을 계속 누리며 사는 것이 좋겠다는 것을 말씀드린 것입니다. 제자들은 그동안 예수님을 따라다니면서 거처할 집도 없이 고생하며 지내 왔기 때문에 어디엔가 좋은 곳에서 정착하여 머물고 싶은 생각이 있었을 것입니다. 그런 가운데 있다가 '바로 이 곳이 우리가 머물 정착지로구나'라고 생각했던 것 같습니다. 그러나 주님은 이를 거절하셨습니다. 주님은 제자들처럼 신비롭고 황홀한 상태에 마냥 머물러 계시기를 원하신 것이 아니라 미련 없이 그 자리를 버리고 하나님의 뜻을 이루기 위해 제자들을 이끌고 세상으로 내려 가셨습니다.

때때로 우리는 우리가 속해 있는 교제가 너무나 축복되고 기쁨과 은혜가 충만하다고 느껴질 때 그 교제 안에서 항상 머물러 안정을 누리고 싶기만 하고 새로운 변화를 위해 어떤 시도를 하는 것은 두려울 때가 있습니다. 집안의 결속력이 강한 집의 자녀들이 의외로 사회 적응을 잘 못하는 사례들이 있듯이 그리스도인들의 지역 교제의 즐거움과 위로와 행복감이 세계 선교를 위해 선교사로 나가는 용기를 잃게 만들 때도 있습니다. 이 축복된 곳을 떠나 낯선 외국 땅으로 나간다는 것을 생각만 해도 아직 나가기도 전에 벌써 외로워지고 슬퍼지는 것입니다. 그러나 병아리가 알 껍질 속의 아늑함과 안정감 때문에 그 속에 마냥 머물러 있을 수는 없는 것입니다. 각질을 깨고 세상 밖으로 나와야 합니다. 제자들처럼 "우리가 여기 있는 것이 좋사오니…" 하는 안정 추구의 사고방식에서 떠나 세계 선교를 위해 불타는 마음으로 나아갈 줄 아는 믿음이 있어야 합니다.

창세기 13:14-17의 말씀을 보겠습니다.

> 롯이 아브람을 떠난 후에 여호와께서 아브람에게 이르시되, "너는 눈을 들어 너 있는 곳에서 동서남북을 바라보라. 보이는 땅을 내가 너와 네 자손에게 주리니 영원히 이르리라. 내가 네 자손으로 땅의 티끌 같게 하리니, 사람이 땅의 티끌을 능히 셀 수 있을진대 네 자손도 세리라. 너는 일어나 그 땅을 종과 횡으로 행하여 보라. 내가 그것을 네게 주리라."

14절에 보면 롯이 아브람을 떠난 후에 여호와께서 아브람을 불러서 눈을 들어 있는 곳에서 동서남북을 바라보라고 말씀하십니다. 여기에 명확히 표현되어 있지는 않지만 하나님께서 아브라함을 불러 사방을 둘러보라고 하신 곳은 깊은 골짜기처럼 주변이 가로막힌

곳이 아니라 사방이 탁 트여 잘 보이는 높은 곳이었을 것입니다. 확실히 하나님께서는 아브라함을 멀리 볼 수 있는 가장 높은 산꼭대기든지 또는 높은 언덕으로 데리고 가셨을 것입니다. 그러고는 동서남북으로 끝없이 펼쳐진 넓은 땅, 지평선이 가물가물하게 보이는 그런 땅을 보라고 하셨을 것입니다. 그리고 "보이는 땅을 내가 너와 네 자손에게 주리니 영원히 이르리라"라고 약속하셨습니다. 이어서 16절에 보면 그의 자손이 땅의 티끌같이 많아질 것이라고 하셨습니다. 그리고 17절에서는 보여 주신 것을 바라보기만 할 것이 아니라 이제는 일어나 그 땅을 종과 횡으로 행하여 보라고 하셨습니다. 그가 밟는 곳마다 그 땅을 그에게 주시겠다고 약속하셨습니다.

위 구절들에서 하나님께서 아브라함에게 약속하시고 보여 주신 것은 바로 세계 선교의 비전입니다. 이것은 아브라함과 같은 믿음을 가진 우리에게도 해당되는 약속입니다. 우리는 영적 시야를 가지고 세계를 내다보는 비전이 있어야 합니다. 세계의 민족과 나라는 어떠하며, 세계의 필요는 무엇이며, 세계의 상태는 어떠하며, 또한 우리가 세계를 위하여 무엇을 할 수 있는가를 내다볼 수 있어야 합니다. 영적인 분별력을 가지고 세계를 바라보아야 합니다. 또한 보고 깨닫고 감동하는 것으로 끝나는 것이 아니라 직접 종과 횡으로 밟아

보아야 합니다. 세계에 대한 비전이 있는 것만으로는 충분한 것이 아닙니다. 그 Vision을 성취하기 위해서는 Mission이 있어야 하는데, 하나님께서는 Vision과 Mission을 동시에 제시하여 주신 것입니다. 현재 우리 각자가 있는 곳으로부터, 그곳이 학교든 직장이든, 아니면 군 기지이든 가정이든, 그곳으로부터 사방을 종과 횡으로 누비며 다니는 우리가 되어야 합니다. 한국을 종과 횡으로 누비며 다니고, 아시아와 세계를 종과 횡으로 행하여 선교의 사명을 다하는 우리가 되어야 합니다.

1900년대 초에 세계 인구는 16억이었습니다. 80년에는 약 44억이었다가 현재는 70억이 넘었습니다. 이처럼 엄청난 인구 폭발의 시대에 우리는 살고 있는데 그 많은 사람들이 대부분 주님 없이 살다가 이 세상을 떠납니다. 이것은 우리에게 큰 짐으로 느껴지지 않을 수가 없습니다. 사람들은 이 70억 아니 곧 80억이 되는 인구가 먹을 수 있는 물, 식량, 자원들에 대한 걱정들을 많이 하고 있습니다. 물론 이런 것들도 매우 중요합니다. 그러나 그들의 영혼에 대하여 걱정하고 근심하는 사람들은 별로 없습니다. 그들의 육신의 필요 이상으로 정말로 필요한 것은 그들의 영원한 문제 곧 영혼의 구원 문제이기 때문에 이에 대하여 긴박한 짐을 느끼고 그들을 위해 나아가고자 하는 선교의 사명을 가져야 합니다.

마태복음 9:36-38 말씀을 보면 예수님께서 많은 무리를 보시고 이러한 긴박한 짐을 느끼신 것을 보게 됩니다. 예수님께서는 그들을 보시고 민망히 여기셨습니다. 왜냐하면 그들이 목자 없는 양과 같이 고생하며 유리하기 때문이었습니다. 그들을 올바로 인도하는 목자가 없었습니다. 추수할 것은 많되 추수할 일꾼이 적었습니다.

> 무리를 보시고 민망히 여기시니, 이는 저희가 목자 없는 양과 같이 고생하며 유리함이라. 이에 제자들에게 이르시되, "추수할 것은 많되 일꾼은 적으니, 그러므로 추수하는 주인에게 청하여 추수할 일꾼들을 보내어 주소서 하라" 하시니라. (마태복음 9:36-38)

이 말씀을 좀 더 구체적으로 살펴보겠습니다.
첫째로 나타나 있는 것은 주님의 비전입니다. 예수님께서는 무리를 보셨고 또한 목자가 없는 것도 보셨습니다. 추수할 것이 너무 많은 것을 보셨습니다. 또한 일꾼이 너무 적은 것도 보셨습니다. 이 세상의 필요와 성취해야 할 과업이 무엇인가를 내다보신 것입니다. 우리가 사는 이 세상에는 매일 24시간마다 38만 명이 태어나고, 24시간마다 16만 명이 죽습니다. 그들 대부분은 구원받지 못한 사람들로 하나님을 모르는 가운데 멸망의 길로 가고 있습니다. 그들을 추수할 때는 바로 지금입니다. 그런데 일꾼이 너무 적다는 것입니다. 추수할 일이 없다든지 추수할 곳이 없는 것이 아니라, 추수할 일꾼이 없는 것이 문제라는 것입니다. 그래서 일꾼을 위해서 기도하라고 말씀하신 것입니다.

두 번째로 나타나 있는 것은 주님의 사랑입니다. 고생하며 유리하는 무리들의 상태를 바라보실 때 예수님께서는 그들에 대하여 민망히 여기셨습니다. 민망히 여긴다는 것은 매우 답답하고 걱정스럽고 딱하게 여기는 동정심을 말합니다. 나는 가끔 풍경 사진을 찍기 위해 경치가 좋다는 곳엘 갈 때가 있습니다. 풍경이 괜찮은 곳을 만나면 어떤 위치에서 어떤 구도로 사진을 찍을지를 정합니다. 그런데 카메라를 설치하고 막상 셔터를 누르려고 하면 그 앞으로 한 사람이 지나갑니다. 그가 지나가고 난 다음에 또 찍으려고 하면 또 몇 사람이 지나갑니다. 그냥 가만히 기다리고 있으면 끝없이 지나갑니다. 사람이 하나도 안 지나가는 순간을 포착하여 순수한 풍경만 찍으려고 오랫동안 서서 기다리지만 사람들은 계속 지나갑니다. 그러면 예수님처럼 사람에 대하여 민망하고 불쌍히 여기는 것이 아니라 사람에 대하여 짜증스러운 마음이 생기게 됩니다.

그러나 예수님께서는 그 많은 사람들을 보시고 짜증

을 내신 것이 아니라 민망히 여기고 슬퍼하셨습니다. 그 차이가 무엇입니까? 나는 풍경 사진에 관심이 있었고 예수님께서는 사람에게 관심이 있었던 것입니다. 몸과 시간과 물질과 능력 등 모든 것을 사람을 변화시키는 선교에 드리신 예수님의 모습은 나에게 항상 큰 도전이 됩니다. 우리가 할 일은 결국 인간의 잣대나 자기 자신의 관점에서 사람들을 평가할 것이 아니라 예수님의 시야로 사람들을 보고 그들을 민망히 여기고 그들을 사랑해야 하는 것입니다.

셋째로 나타나 있는 것은 기도의 중요성입니다. 38절에 보면 "그러므로 추수하는 주인에게 청하여 추수할 일꾼들을 보내어 주소서 하라"라고 말씀하셨습니다. 이를 위해서는 내 자신이 먼저 일꾼이 되도록 기도해야 합니다. 그리고 다른 일꾼들을 보내어 달라고 기도해야 하며, 또 이미 일꾼 된 사람들을 위해서도 기도해야 합니다. 왜냐하면 이 악한 세상에서 가장 시급히 필요한 사람은 바로 추수할 줄 아는 일꾼들이기 때문입니다.

넷째로 나타나 있는 것은 전도입니다. 우리가 세상의 필요를 직시하는 비전을 가지고 있고 또한 그들을 사랑하는 마음으로 이 사명을 위한 일꾼을 보내어 달라고 기도한다고 모든 것이 저절로 성취되는 것은 아닙니다. 그 이상으로 우리가 할 일은 적극적으로 나아가 전도해야 하는 것입니다. 마태복음 9장 후반부에서 추수할 일꾼에 대하여 말씀하신 주님께서 마태복음 10:5-6에서는 이제 열두 제자들을 내보내시면서 구체적으로 어떻게 할 것인지에 대하여 말씀하고 계십니다. 특별히 6절에서는 "이스라엘 집의 잃어버린 양에게로 가라"라고 말씀하였습니다. 이는 가야 할 목적지를 확실하게 말씀해 주신 것입니다. 그리고 5절 이후 10장 전체를 통하여 제자들에게 앞으로 전도하러 나아갔을 때 필요한 여러 가지 교훈들을 말씀하고 계십니다. 복음 전하는 삶에의 헌신, 태도, 방법, 지혜, 인격, 경고, 격려, 약속 등 전도와 연관된 많은 것을 준비시켜 주셨습니다. 그 많은 준비는 선교를 효과적으로 잘하도록 하기 위한 것입니다. 우리도 예수님께서 하신 것처럼 전도의 열정뿐만 아니라 전도의 구체적인 방법을 준비해야 합니다. 제자들을 훈련시킬 줄 알아야 합니다. 그들이 전도하러 가서 어떻게 할지를 알려 주고 훈련시켜 주어야 합니다.

또한 우리는 전도에 관한 한 긴박한 마음을 가지고 있어야 합니다. 고린도후서 6:2에서는 "가라사대, '내가 은혜 베풀 때에 너를 듣고 구원의 날에 너를 도왔다' 하셨으니, 보라 지금은 은혜받을 만한 때요, 보라 지금은 구원의 날이로다"라고 말씀하십니다. 전도를 하고자 할 때 우리는 위급한 환자를 실은 앰뷸런스 차를 모는 운전자의 마음을 가지고 있어야 합니다. 내일 모레 혹은 1년 뒤나 10년 뒤 또는 내가 지금 하는 일을 다 마치면 그때 전도하겠다고 생각해서는 안 됩니다. 믿지 않는 사람들에게 지금이 바로 은혜받을 만한 때요 지금이 바로 구원의 날이라면, 믿는 우리에게는 지금이 바로 은혜를 나누어 줄 때이며 지금이 바로 전도해야 할 날인 것입니다. 우리가 선교의 비전이 있고, 사람에 대한 사랑이 있으며, 또한 이를 위해 기도하고 있다면, 지금 이 순간이 바로 전도할 때라는 절박하고 화급한 마음을 가지고 적극적으로 전도에 드려지는 삶을 살아야 합니다.

5. 선한 간증을 보이며 살아야 한다

그리스도인은 항상 삶 속에서 선한 간증을 나타내야 합니다. 선한 간증을 보이는 삶을 살고자 하는 사람은 미지근하게 살지 않습니다. 우리가 의기소침하고 열정이 식어 가는 주된 원인 중 하나는 우리 자신의 잘못된 삶으로 말미암아 남에게 비방을 받게 되기 때문입니다. 그러나 우리가 우리의 잘못된 삶 때문이 아니라 복음으로 말미암아 핍박을 받으면 오히려 용기가 생기고 힘이 솟게 됩니다. 두려움이 없어지고 감사가 넘치게 되며 성령 충만한 삶을 살게 됩니다.

요즘 그리스도인들과 연관된 크고 작은 시끄러운 사건들이 꼬리를 문 듯 일어나고 있는 것을 볼 때마다 우리는 맥이 빠지게 됩니다. 게다가 사이비 기독교인들의 문제까지 마치 그리스도인들의 문제인 것처럼 취급받고 있는데 그것까지 합치면 더욱 기독교인들에게 문제가 많은 것처럼 보이게 됩니다. 세인들은 사이비인지 참된 기독교인인지 분별하지 못하기 때문에 한꺼번에 기독교인들이 문제가 많은 것처럼 매도되고 비판받는 것입니다. 이런 상태에서 벗어나서 사람들에게 칭송을 받는 우리들이 되기 위해서는 좀 더 경건하고 좀 더 선한 간증을 나타내는 면에서 우리 자신을 부지런히 계발하고 경성된 삶을 살아야 합니다.

마태복음 5:16에서 "이같이 너희 빛을 사람 앞에 비취게 하여 저희로 너희 착한 행실을 보고 하늘에 계신 너희 아버지께 영광을 돌리게 하라"라고 말씀하십니다. 이 말씀은 세상 사람들이 우리의 무엇을 보고 하나님께 영광을 돌리게 되는지를 보여 줍니다. 사람들은 우리의 말솜씨나 지혜로운 삶이나 경건한 모양 또는 반듯한 외모에 매료되어 하나님께 영광을 돌리는 것이 아닙니다. 우리의 착한 행실을 보게 될 때 하나님께 영광을 돌리게 됩니다. 그리스도인 중에 의를 주장하고 불의에 맞서 용기 있게 싸우는 사람들이 많이 있습니다. 그러나 만약 우리가 의롭기만 하면 사람들은 우리를 피하게 됩니다. 왜냐하면 우리 앞에 나타나면 자기들이 자동적으로 죄인으로 드러나기 때문입니다. 그러므로 우리가 의로운 주장과 의로운 행위도 당연히 중요하지만 한 걸음 더 나아가 선한 사람으로 나타나야 합니다. 사람들이 우리 앞에 나타날 때 정죄받기만 하면 누가 우리 앞에 오겠습니까? 다른 사람 앞에 나가서 죄인 취급받는 것을 누가 좋아하겠습니까? 우리에게 접근하기를 좋아하고 말을 나누기가 편하여 우리를 마음으로 의지하고 싶은 생각이 들도록 하려면 무엇보다 우리의 삶이 그들 앞에 선해야 하는 것입니다.

로마서 2:10에서, "선을 행하는 각 사람에게는 영광과 존귀와 평강이 있으리니, 첫째는 유대인에게요 또한 헬라인에게라"라고 하였습니다. 이 말씀을 역으로 생각해 보면 악을 행하는 각 사람은 수치와 부끄러움과 불안의 연속 가운데서 살게 된다는 것입니다. 또 이미 앞의 9절에 보면 "악을 행하는 각 사람의 영에게 환난과 곤고가 있으리니"라고 말씀하고 있습니다. 그러므로 우리가 이와 같은 불행하고 비참한 삶에 빠져 들어가지 않도록 하기 위해서는 악에서 떠나 선한 삶을 살아야겠습니다.

선한 삶과 연관하여 로마서 12:17에서는 "아무에게도 악으로 악을 갚지 말고 모든 사람 앞에서 선한 일을 도모하라"라고 하였습니다. 여기서 도모한다는 말에 특별히 주목할 필요가 있습니다. '도모'한다는 것은 묘책과 계획을 세워 적극적으로 행하는 것을 말합니다. 착한 행실은 자연스럽게 이루어질 것을 기대하며 막연히 기다린다고 되는 것이 아닙니다. 모든 사람들을 잘 돕기 위해 선을 베풀 수 있는 묘책과 수단 방법을 꾀하고 계획을 세워서 적극적으로 선을 행동화해야 한다는 뜻입니다. 나를 모르는 사람에게는 전도의 열정만 가지고도 복음을 전할 수 있겠지만, 나를 잘 아는 사람에게는 나의 선한 삶이 뒷받침되지 아니하면 무언가 찜찜하고 자신감이 사라지기 때문에 전도의 열정을 갖기가 어렵게 됩니다. 그래서 직장, 가정, 학교, 친지, 이웃 등 나와 친분 관계가 있는 사람들에게 용기와 열정을 가지고 전도할 수 있으려면 우리가 무엇보다 먼저 선한 삶을 살고 있어야 합니다. 항상 생활권에서 만나는 사람들에게 거리낌 없이 담대하게 전도할 수 있으려면 평소에 그들 앞에 착한 삶을 산 간증이 드러나 있어야 합니다.

로마서 16:19에서는 "너희 순종함이 모든 사람에게 들리는지라, 그러므로 내가 너희를 인하여 기뻐하노니 너희가 선한 데 지혜롭고 악한 데 미련하기를 원하노라"라고 하였습니다. 이 말씀은 아주 기억하기 좋게 문학적인 표현으로 되어 있습니다. 선과 악이 대조되어 있고, 또한 지혜로운 것과 미련한 것이 대조되어 있습니다. 세상에는 악한 데는 지혜로우면서 선한 데는 미련한 사람들이 많습니다. 그러나 그리스도인들은 그와 정반대로 선한 데는 지혜롭고 악한 데는 미련한 사람이 될 것을 위의 말씀은 권면하고 있습니다.

그런데 때때로 선을 행하다 보면 나만 손해 보는 것 아니냐 하는 생각이 들 때가 있습니다. 여기서 좀 더 인내하지 못하면 선을 지속할 수 없게 됩니다. 그러므로 선한 일에는 지혜롭고 끈기가 있어야 합니다. 갈라디아서 6:9 말씀에서는 "우리가 선을 행하되 낙심하지 말지니, 피곤하지 아니하면 때가 이르매 거두리라"라고 약속하고 있습니다.

미국의 선교 역사를 살펴보면, 1960년대까지는 많은 교회와 선교회들이 복음과 물질적 도움을 동시에 주는 것을 선교 정책으로 사용하였습니다. 이것은 아주 큰 효과를 보았습니다. 세계 각 곳에서 미국 선교사들을 통하여 많은 사람들이 회개하고 주님께 돌아오고 삶이 변화되는 경험을 하게 되었습니다. 그러나 그 과정에서 그런 긍정적인 면만 있는 것이 아니라 그중에 종종 순수치 못한 사람들 때문에 선교사들이 이용당하거나 또는 사기당하는 경우들이 생기게 되었습니다. 이런 일들과 그 밖의 다른 요인들로 인하여 70년대에 미국의 일부 선교 단체들 사이에서는 선교 정책을 바꿔야 한다는 분위기가 확산되어 갔습니다. 그들 주장의 주요 요지는 사람을 물질로 이끌지 말고 복음으로만 순수하게 이끌어야 한다는 것이었습니다. 그래야만 올바른 동기의 신앙을 갖게 되고 또한 빠른 시일 내에 자립할 수 있게 될 것이라는 생각이었습니다. 이것은 부정적인 측면의 문제들을 해결하는 데는 상당히 합리적이고 타당한 정책이라고 여겨졌기 때문에 선교사들의 상당수가 그들의 선교를 이런 방향 또는 정책으로 이끌어 갔습니다. 그런데 이 같은 정책을 선교에 적용한 선교사들은 80년대에 들어서면서 더 큰 부정적인 결과를 경험하게 되었는데, 그것은 미국 선교사들에 대한 거부 반응들이 그들의 여러 선교지에서 일어나기 시작한 것이었습니다.

순수치 못한 사람들이 잘못된 동기를 가지고 따른다든지, 어떤 물질적인 이득을 취하기 위해 선교사들을 속이는 일들이 일어나더라도 그것에 대해 피곤하여 낙심하지 말고 끝까지 선을 행하는 것이 올바른 것이었다고 생각됩니다. 잘못된 동기로 따르는 사람들에 대한 해결책으로는 그들이 올바른 동기로 따르는지 그렇지 않은지를 분별할 줄 아는 영적 지혜를 계발하는 것이 필요했지 전혀 물질적 기여를 하지 않는 방향으로 선교 정책을 바꾼 것이 최선의 해결책은 아니었던 것입니다. 어차피 선한 삶이란 손해를 각오해야 하는 삶인 것입니다. 그러므로 우리도 세상에 나아가서 복음을 전할 때에 복음과 선행 두 가지를 동시에 가지고 나아가야 하는 것입니다. 물론 선행은 효과적인 전도를 위한 수단은 아닙니다. 그것은 우리의 인격이며 거듭난 사람의 본질입니다. 그러나 착한 인격이 더욱 성숙한 수준으로 계발되면 당연한 결과로 전도의 효과가 일어나는 것입니다. 그러므로 우리는 착한 인격을 적극적으로 성장시켜 나가야 합니다.

우리가 직장 생활을 할 때 직장 동료들로부터 그리스도인은 이기적이고 인색하다는 말을 듣는다면 올바른 삶을 산 것이 아닙니다. 할 수 있는 대로 주위 사람들에게 후한 삶을 사는 것이 필요합니다. 때로 식사 대접을 한다든지, 커피 한 잔을 뽑아 같이 마신다든지, 어려운 일이 생기면 몸을 아끼지 않고 거들어 주는 등 아주 일상적이고 사소한 일부터 적극적으로 하는 것이 필요합니다. 또는 남을 비방하는 말을 누가 할 때 그런 것에 끼어들지 않고 남을 시기하지 않으며 남을 칭찬해 주는 은혜로운 말을 해야 하며, 동료들과 함께 나가 식사를 하게 되는 경우에는 남의 자존심이 상하지 않게 조심하며 내가 먼저 돈을 낼 줄도 알아야 합니다. 그 밖에 다른 사람의 필요가 무엇인지를 잘 분별하여 신속하게 그런 것을 도와주어야 합니다.

어떤 특별한 것이나 무슨 큰돈이 들어가는 일만이 선한 일이 아닙니다. 평범한 것, 작은 일에서부터 남을 위해서 관심을 나타내는 친절이 생활화되도록 해야 합니다. 평범한 친절이 선한 삶의 기초가 되어 결국 큰일에도 선행을 실천할 수 있게 됩니다. 우리의 친절과 선한 삶을 통해 나의 친구다움이 그들에게 나타나야 합니다. 의로운 선지자같이 지팡이를 높이 들고 그들에게 나타나는 사람이 아니라 그들의 친한 친구로서 나타나야 합니다. 내 앞에 사람들을 무릎 꿇게 하는 것이 아니라 그들의 손을 잡고 나아갈 수 있는 친구다움이 나타나는 우리가 되어야 합니다. 그럴 때 사람들은 그리스도인들에 대해 '아, 그리스도인은 선하구나. 그들은 이 사회를 밝혀 주는구나. 어두운 우리 직장, 우리 캠퍼스를 밝혀 주는 빛이로구나' 하는 칭찬을 하게 되고 그 결과로 우리가 하나님께 영광을 돌릴 수 있게 됩니다.

베드로전서 3:13에서 사도 베드로는 "또 너희가 열심으로 선을 행하면 누가 너희를 해하리요"라고 말씀하고 있습니다. 베드로가 살던 때는 기독교 역사상 가장 어려운 시기였다고 생각됩니다. 이런 시대 상황 속에서 베드로는 그리스도인들에게 상황에 맞게 꾀를 내어 요령껏 살라고 한 것이 아니라 열심으로 선을 행하라고 권면하고 있습니다. 왜냐하면 이러한 인격으로 사는 것이 승리와 성공을 위한 최상의 처세술이기 때문입니다.

지금 우리가 살아가는 21세기는 정말 각박한 인간관

계 시대가 될 것을 예측하게 됩니다. 사람들은 점점 더 인격과 인격이 대면하는 것을 가능한 대로 피하고자 할 것이며, 눈동자와 눈동자가 마주치는 것을 피하기 원하는 그런 시대가 될 것입니다. 복잡한 인간관계를 피하고 컴퓨터 앞에 앉아 인터넷 등으로 대인 관계를 대체하고자 하는 분위기가 벌써 생겨나고 있습니다. 나중에는 이런 경향이 더욱 심화되어 인간관계 공황 시대가 올지도 모릅니다. 이런 시대에 윤활유 역할을 하여 사회를 매끄럽게 하고 그리스도의 사랑을 알게 하여 사람들을 결국 복음으로 이끌 수 있도록 하기 위해서는 선한 삶을 인간관계 속에서 나타내야 하는 것입니다.

디모데후서 3장은 우리가 처하고 있는 이 세상의 각박하고 황폐해진 인간관계의 모습을 잘 보여 주고 있습니다.

> 네가 이것을 알라. 말세에 고통하는 때가 이르리니, 사람들은 자기를 사랑하며 돈을 사랑하며 자긍하며 교만하며 훼방하며 부모를 거역하며 감사치 아니하며 거룩하지 아니하며 무정하며 원통함을 풀지 아니하며 참소하며 절제하지 못하며 사나우며 선한 것을 좋아 아니하며 배반하여 팔며 조급하며 자고하며 쾌락을 사랑하기를 하나님 사랑하는 것보다 더하며. (디모데후서 3:1-4)

이 말씀에서는 "말세에 고통하는 때가 이르리니"로 시작하여 말세의 모습에 대하여 상세하게 열거하고 있습니다. 그런데 여기 열거된 여러 가지 문제들의 핵심을 요약하면 말세의 고통은 결국 인간관계의 실패에서 온다는 것입니다. 많은 문제점들이 열거되어 있지만 결국 따지고 보면 모두 인간관계의 실패와 연관된 문제들인 것입니다. 남편과 아내의 관계에서도 실패하는 사람들이 많아 이혼율이 갈수록 높아지고 있고, 부모와 자식 간의 관계에서도 실패하는 사람들이 많아 때때로 패륜에 속하는 범죄를 저지르는 일들이 종종 일어나고 있습니다. 선생님과 제자의 관계도 실패하는 사람들이 많아지고, 친구 관계에서도 실패하는 사람들이 많아지며, 직장에서 동료와 상사 및 부하 직원과의 관계에서 실패하는 사람들이 많습니다. 결국 인간관계의 실패로 인하여 이런 말세의 고통하는 때가 온다는 것을 직시하고 우리 그리스도인은 인간관계에서 성공하는 사람들이 되어야 합니다.

부모와의 관계, 자식과의 관계, 부부간의 관계, 친구 관계, 직장 상사나 동료와의 관계, 사제지간의 관계 등 모든 인간관계에서 우리가 사람들 앞에 칭찬받을 수 있는 모범적인 삶을 살기 위한 최선의 길은 우리가 그들에게 선한 사람이 되는 것입니다. "너희가 열심으로 선을 행하면 누가 너희를 해하리요?" 이 말씀은 베드로 시대 당시나 오늘날이나 항상 적용되는 원리입니다. 내가 선하게 산다면 아무도 해치지 않을 것이라는 이 말씀을 믿어야 합니다. 혹시 아직도 다른 사람이 나를 해롭게 하고자 하는 일이 있다면 아마도 내 자신이 아직도 선행이 부족하기 때문일 거라고 생각해야 합니다. 우리가 그리스도인으로서 다음 세대의 지도자가 되고, 다음 세대의 희망이 되고, 빛과 소금의 역할을 감당할 수 있는 사람이 되려면, 성공적인 인간관계를 유지시키는 높은 수준의 선행의 삶을 살아야겠습니다.

지금까지 우리는 앞으로 다가올 시대가 영적으로 미지근한 시대가 될 것을 예측해 보면서, 이런 시대에 우리가 영적으로 미지근해지는 것을 극복하고 어떻게 열정적인 그리스도인의 삶을 살 수 있는지에 대하여 다섯 가지 주제를 중심으로 생각해 보았습니다. 이 말씀들을 우리의 실제 삶에 잘 적용함으로써 우리 모두의 삶에 큰 변화가 있고, 매사에 미지근하지 않고 열정적인 사람이 되기를 바랍니다.

제 II 부

참된 만족의 기초

제 1 장

만족 고갈의 시대

우리는 지금 만족 고갈 시대에 산다고 말할 수 있습니다. 무엇이 부족해서 만족을 못하는 것이 아니라 오히려 어떤 면에서는 너무나 풍족하고 넘치기 때문에 만족을 느끼지 못하는 것입니다. 이 시대의 사람들은 이미 있는 것으로는 만족하지 못하기 때문에 현재 없는 것, 무언가 특이한 물건, 특이한 행동, 특이한 노래, 특이한 사상 또는 특이한 종교에까지 무조건 특이한 것이나 튀는 것을 찾고 있습니다. 애완동물까지도 요즈음 사람들은 과거에는 혐오스러워했던 것들을 오히려 선호하고 있습니다. 뱀, 쥐, 악어, 이구아나, 카멜레온, 도마뱀, 거미 같은 것을 애완동물로 키우면서 남들이 지금까지 즐겨 보지 않은 것들을 자기가 먼저 즐기고 있다고 생각하며 마치 선구자가 된 것같이 행동하는 것으로 또 하나의 새로운 만족을 얻으려고 애쓰고 있는 것입니다. 이러한 시도가 과도하게 진전되다 보면 이제 앞으로는 사람들이 어떤 것으로도 만족을 누리지 못하는 그런 시대가 올 가능성도 있습니다. 이러한 시대에 올바른 만족의 기준을 알고 만족을 누리는 삶을 사는 것은 참으로 중요하다고 생각됩니다. 만족할 줄 아는 태도와 만족할 줄 모르는 태도는 동일한 상황에서도 아주 큰 차이를 만들어 주기 때문입니다.

한때 신문이나 TV에 오랫동안 상당히 시끄럽게 보도되었던 옷 로비 사건 이후 전개된 일들을 보면 매우 특이한 점을 발견하게 됩니다. 그 사건 이후에 백화점 등에서 호피무늬 반코트가 불티가 나게 팔린다는 이야기를 들었습니다. 옛날 같으면 자기가 그런 옷을 입고 있다가도 그와 연관된 불미스러운 보도가 나오면 부끄러워서 감춰 버리든지 없애 버리든지 했을 텐데, 이상하게도 요즘에는 역반응적으로 그 옷이 아주 불티나게 잘 팔리고 있다는 것입니다. 심지어 한 탈옥수가 체포된 이후에는 그가 입고 있던 티셔츠가 갑자기 유행하였다는 말도 들었습니다. 옛날 같으면 어떠했겠습니까? 그런 옷은 남의 이목이 의식되어 절대로 입지 않았을 것입니다. 그런데 지금은 기이하게도 그런 옷을 보라는 듯이 자랑스럽게 입고 다닌다는 것입니다. 평범한 옷으로는 도저히 만족이 없어 이런 튀는 옷으로 만족을 얻으려는 것이 아닌가 생각됩니다. 이런 일련의 일들을 통하여 우리는 무언가 특이한 것이나 남과 다른 것으로 스스로를 차별화하고 특별화하고자 하는 욕구가 사람들에게 강하게 있다는 것을 알게 되며, 또 얼마나 사람들이 만족에 고갈되어 있는가를 실감하게 됩니다.

게다가 경제가 중요시되는 세상에 살면서 모든 생산적인 것은 더 선하다고 하는 관념 때문에 이제 사람들의 가치관이 많이 바뀌고 있습니다. 예를 들면, 가난하지만 착한 흥부보다는 돈 많은 놀부가 더 가치 있는 사람 혹은 선망의 대상으로 여겨지는 세상이 되어 가고 있습니다. 안빈낙도(安貧樂道)란 한갓 패배자의 자기변명에 지나지 않는다고 비웃고 있습니다. 이런 사고방식 가운데서 세상은 점점 더 혼란스러운 쪽으로 흘러가고 있습니다. 이 세상에서 아무리 남들이 생각해 보지도 못한 특이하고 괴이한 것으로 만족을 누려 보려고 해도 우리는 그런 것으로 참된 만족을 누리지는 못합니다. 남들이 시도해 보지 못한 표현이나 행동, 남들이 놀아 보지 못한 오락, 남들이 취해 보지 못한 물건, 또는 남들이 주장해 보지 못한 사상이나 이론을 내가 한발 앞서 가져 보았다고 해서 참된 만족을 누리게 되는 것은 아닙니다.

얼마 전에는 한 초등학생이 자기 선생님을 고발했는데 나중에 왜 그랬느냐고 물었더니 "그냥 재미있잖아요"라고 대답했다고 합니다. 이것은 사람들의 생각이 얼마나 자신의 재미 위주로 바뀌어 가고 있는가를 보여 주는 단적인 예입니다. 왜 사람들이 이 지경에까지 이르게 되었습니까?

예전 아이들은 막대기 하나만 가지고도 한참 동안 재미있게 놀았고 별것 아닌 장난감 하나만 있어도 충분히 행복하게 놀았는데, 요즈음은 그런 것으로 만족하는 것은 어림도 없습니다. 현재는 실존하지도 않는 온갖 공룡을 인형 또는 로봇 장난감으로 만들어 팔고 있는데 아이들은 그것들을 경쟁적으로 사서 모으기도 하고 그 복잡하고 발음하기도 힘든 공룡의 이름들을 술술 외우기도 합니다. 그래도 아이들의 마음은 그것으로 만족할 줄 모릅니다. 또 수만 원씩이나 하는 로봇 장난감들을 새로운 종류가 나오는 대로 다 사 모아 놓고도 아이들은 만족을 모르고 더 새로운 만족을 위해 무엇인가를 찾고 있습니다. 그러다가 선생님을 재미 삼아 고발하는 일까지 벌어지게 되는 것입니다. 이처럼 재미있다고 생각하면 무슨 일이든 하게 되는 것은 실로 무서운 현상입니다.

또 근래에는 시장경제 체제 국가들의 경제적 성공으로 그 우월성이 증명되면서 과거에 이를 반대하던 나라들 중에서도 시장경제 체제를 그들의 경제 정책에 도입 및 반영하고 있는 추세입니다. 그런데 이 시장경제의 이론이 경제나 정치 등에서만 적용되는 것이 아니라 요즘은 학교 교육 현장에까지 들어왔습니다. 그래서 요새는 학교에서도 사제지간이라는 특별한 관계는 소멸되고 소비자와 생산자의 관계로 바뀌어 가고 있습니다. 그렇기 때문에 선생님의 지식이라고 하는 상품이 학생이라는 소비자의 욕구를 얼마나 만족시켜 줄 수 있는가를 따지는 시대가 되었습니다. 만약 선생님의 가르침이 학생의 욕구에 만족을 주지 못하면 소비자인 학생들에 의해 그런 선생님은 퇴출되거나 무시되는 상황이 되었습니다. 사제지간의 관계와 그 존엄성에 대한 가치는 점점 찾아보기가 힘들게 되어 가고 있습니다.

내가 초등학교 다닐 때 음악 선생님이 한 분 계셨습니다. 그런데 이 선생님은 글을 잘 모르는지 판서를 잘 못하는지 명확하지는 않지만 칠판 글씨를 가끔 이상하게 쓰실 때가 있었습니다. 한번은 응원가를 배우는 중에 "이쪽 편도 잘해라. 저쪽 편도 잘해라"라는 가사를 칠판에 쓰시는데, 이상하게도 "이쪽 면도 잘 개라. 저쪽 면도 잘 개라"라고 쓰셔서 아이들이 모두 웃었던 적이 있습니다. 편을 면이라 쓰고 '해라'를 '개라'로 써서 마치 '이불을 이쪽저쪽 잘 개라'는 식으로 이해되어 아이들이 모두 웃었던 것입니다.

지금 같으면 이런 선생님은 어떻게 되겠습니까? 금방 퇴출당하지 않겠습니까? 아마 학생들이 고발이라도 했을 것입니다. 이 선생님은 객관적으로 볼 때 공부를 가르치는 실력은 없었지만 당시 학생들 사이에서는 존경을 받았던 것으로 기억됩니다. 그것은 이 선생님이 학생들에게 음악에 대한 좋은 영향을 주셨기 때문이었습니다. 특별히 음악의 어떤 전문성보다는 음악을 생활화하도록 하는 데 좋은 영향을 주셨기 때문에 다른 실력이 얼마나 있느냐 없느냐는 문제가 되지 않았던 것입니다. 나는 지금도 그분에게 배운 많은 동요들을 생생하게 기억하고 있습니다. 그러니까 그때에는 사제지간에 가질 수 있는 인정이나 존경심이라든지, 삶에 미치는 인격적 영향에 대하여 가치를 두었지, 그 선생님이 얼마나 많은 지식을 가지고 있고 그것을 충분히 학생들에게 전달해 줄 수 있는 능력이 있는가 혹은 학생들 개개인이 세운 목표에 얼마나 도움을 줄 수 있는가에 더 가치를 두지는 않았습니다.

제 2 장

그리스도인의 만족

현대 사회의 사람들이 누리고자 하는 만족의 척도는 한이 없습니다. 어느 정도를 넘어서야 위험한지 그 경계선이 무너져 버렸습니다. 어떤 것으로 채워 주어도 늘 부족하게 느끼는 불만의 시대가 되었습니다. 아무리 유능한 지도자나 관리자가 나타나서 새로운 개선책이나 해결책을 제시해도 그것으로 만족하지 못하는 것입니다. 항상 또 다른 불만과 불평이 생기곤 하는 것입니다.

그런데 이런 경향은 신앙이 없는 세상 사람들만 그런 것이 아닙니다. 주님을 헌신적으로 따르는 그리스도인들도 때때로 만족하지 못하는 마음 때문에 의외의 과오를 범하게 되고 결국 하나님의 약속의 대열에서 떠나는 삶을 살게 되는 안타까운 일들이 종종 생기는 것을 보게 됩니다. 그러면 어떻게 하면 우리는 만족하는 삶을 살 수 있으며, 우리의 만족의 기준은 어디에 두어야 하는 것입니까?

1. 룻과 하와

룻기 1:16-17 말씀을 살펴보겠습니다.

> 룻이 가로되, "나로 어머니를 떠나며 어머니를 따르지 말고 돌아가라 강권하지 마옵소서. 어머니께서 가시는 곳에 나도 가고 어머니께서 유숙하시는 곳에서 나도 유숙하겠나이다. 어머니의 백성이 나의 백성이 되고 어머니의 하나님이 나의 하나님이 되시리니, 어머니께서 죽으시는 곳에서 나도 죽어 거기 장사될 것이라. 만일 내가 죽는 일 외에 어머니와 떠나면 여호와께서 내게 벌을 내리시고 더 내리시기를 원하나이다."

먼저 이 이야기의 배경을 간단히 설명하겠습니다. 구약성경에서 사사 시대의 유다 베들레헴에 엘리멜렉이라는 사람이 있었는데, 그가 흉년 때문에 모압 지방으로 이주하여 살다가 거기서 죽었습니다. 그의 아내가 나오미였고 두 아들이 있었습니다. 이 두 아들이 성장해서 둘 다 모압 여인과 결혼하게 되었는데, 두 며느리 중 하나는 오르바였고 다른 하나가 룻이었습니다. 그런데 오르바와 룻 두 사람의 남편도 어떤 이유인지는 모르지만 모두 죽게 되었습니다. 그래서 시어머니 나오미와 두 며느리만 남게 되었습니다. 이때 나오미가 고향인 유다 땅으로 돌아가려고 하면서 두 며느리에게 각각 자기 어미 집으로 돌아가라고 권했습니다. 오르바는 그 말을 듣고서 시어머니가 요청한 대로 자기 친정으로 돌아가게 되었는데 룻은 끝까지 시어머니 나오미를 따르겠다고 고집하며 앞에서와 같이 말하고 있는 것입니다.

　이렇게 룻이 나오미를 끝까지 따른 것에 대하여 어떤 이들은 시어머니에 대한 며느리로서의 극진한 효심이나 인간적인 정 혹은 도리 때문에 그랬던 것으로 가르치는 경우도 있습니다. 그러나 여기에는 그 이상의 의미가 있는 것을 우리는 알아야 합니다. 혼사 남은 시어머니 나오미를 따르는 것은 룻에게 어떤 보장도 없는 불안정한 것이며 거의 고난의 연속일 것이라는 것은 쉽게 전망할 수 있었을 것입니다. 더욱이 시어머니 쪽에서 먼저 며느리들에게 각각 자기 어미 집으로 돌아가라고 몇 차례나 종용하는 말을 했었기 때문에 자기가 원하는 마음만 있으면 쉽게 떠나갈 수 있는 상황이었습니다. 그런데도 그가 나오미를 끝까지 따르려 한 것은 인간적 관계로 생각하면 참으로 감동스럽고 아름다운 광경입니다. 그러나 룻이 그토록 간곡히 나오미를 따르려 한 것은 결코 인간의 도리나 비이기적인 태도 때문만은 아니었습니다.

그보다는 과거에 시어머니 나오미의 가족과 함께 살면서 그들이 섬기고 있는 하나님이 어떠한 분이신가, 혹은 그들이 앞으로 내다보고 있는 하나님의 약속은 무엇인가, 그리고 앞으로 그 약속이 어떻게 이루어질 것인가를 배우게 되었고, 이에 대한 개인적인 믿음을 갖게 되었기 때문이라고 생각됩니다. 앞의 룻기 말씀에서 그는 앞으로 살아갈 것에 대한 대책이나 계획을 시어머니에게 이야기하고 있는 것은 없습니다. 오히려 거기서 시어머니와 함께 유숙하며 그 백성이 되고, 시어머니의 하나님을 자기의 하나님으로 섬길 것이며, 또 거기서 죽어 거기에 장사될 것이라고 말하며 신앙적 확신에 대한 이야기를 하고 있습니다. 룻은 시어머니를 따라가서 거기서 죽는다 해도 그것은 하나님의 약속과 관계된 것임을 믿었기 때문에 자신의 결심이 결코 헛된 것이 아님을 확신하였던 것입니다. 룻은 하나님의 약속의 가치에 만족을 두었기 때문에 그와 같은 선택을 할 수 있었던 것입니다.

이처럼 하나님의 약속의 가치는 고통과 슬픔밖에 남

은 것이 없는 룻에게 나오미를 따르는 데에 오히려 만족을 줄 수 있었습니다. 룻은 고생스러운 생활에 대하여도 불만이나 불안감이 없었습니다. 룻이 만약, '내가 왜 이 집에 시집와서 남편도 잃고 의지할 것이 없는 기구한 신세가 되었나?', '이 집은 재수 없는 집이 아닌가?', '내가 만약 저 시어머니를 따라간다면 나의 삶은 고생길이 뻔한 기박한 여자의 일생이 되지 않겠는가?' 등등 신세타령이나 하고 자기 장래에 대한 염려와 걱정, 불투명한 전망에 대한 생각에 붙잡혀 있었다면, 그의 마음은 불안과 좌절로 가득할 수밖에 없었을 것입니다. 그리고 나오미를 따라 하나님을 섬기는 백성의 땅으로 돌아가는 길을 포기해 버렸을 것입니다.

그러나 룻은 자기만족의 기초를 하나님께 두었기 때문에 모든 갈등과 절망스러운 생각을 떨치고 끝까지 시어머니를 따라갈 수 있었습니다. 그리하여 그의 삶은 잘 알려진 대로 다윗의 증조모로서 우리 주 예수 그리스도의 육신의 조상이 되는 너무나도 축복스러운 결과를 얻게 되었던 것입니다.

그런데 또 다른 한 사람 하와의 경우를 생각해 보겠습니다.

> 여호와 하나님이 그 사람에게 명하여 가라사대, "동산 각종 나무의 실과는 네가 임의로 먹되 선악

을 알게 하는 나무의 실과는 먹지 말라. 네가 먹는 날에는 정녕 죽으리라" 하시니라. (창세기 2:16-17)

이 말씀에 보면 하나님께서는 아담과 하와에게 자유와 제한 두 가지를 동시에 주셨습니다. 그런데 이 말씀을 자세히 살펴보면, 그들이 누릴 수 있는 자유의 범위는 엄청나게 넓고 크지만, 금지된 것은 단 한 가지밖에 없었습니다. 하와의 문제는, 하나님께서 엄청나게 넓은 범위로 허락하신 자유에 대해 만족하기보다는, 단 한 가지 금지된 것에 관심이 기울어 있었다는 데 있음을 발견하게 됩니다.

하와는 하나님께서 먹을 수 있는 좋은 과실을 얼마나 많이 허락해 주셨는가에 만족하고 그것들을 즐거워하기보다는, 왜 하나님께서 중앙에 있는 저것을 금지시켰는가 하는 생각이 그의 관심거리였던 것 같습니다. 그런 생각이 평소에 조금이라도 그의 마음속에 흥미와 관심거리로 남아 있었기 때문에, 사탄이 그 틈을 이용하여 그를 유혹할 수 있었던 것이지, 만일 그가 금지된 나무의 실과에 대해 철저하게 관심 밖의 일로 여겨 마음을 지켰다면, 사탄이 그를 유혹할 틈을 노릴 수는 없었을 것입니다. 그러다가 결국은 그 금지된 나무 앞에 서 있게 되었고, 거기서 뱀의 그럴듯한 유혹에 넘어가게 되었던 것입니다.

> 여자가 그 나무를 본즉, 먹음직도 하고 보암직도 하고 지혜롭게 할 만큼 탐스럽기도 한 나무인지라, 여자가 그 실과를 따 먹고 자기와 함께한 남편에게도 주매 그도 먹은지라. (창세기 3:6)

또 하와가 그 실과를 남편에게도 줄 때, 여러 번 아담이 이를 거절하려고 애썼다든지, 아내와 심각한 논쟁을 벌이며 유혹에 넘어가지 않으려고 많은 시간을 지연한 것 같은 느낌이 들게 하는 내용이나 근거는 찾아볼 수가 없습니다. 오히려 "남편에게도 주매 그도 먹은지라"라고 기록하고 있는데, 아무리 요약하여 기록한 것이라고 누가 주장한다 해도 이 말씀에서 발견할 수 있는 것은, 아담도 역시 평소에 이 과실에 대해 큰 관심이 있었기 때문에 기회가 오자 기다렸다는 듯이 받아먹었을 가능성이 매우 크다는 것입니다. 이렇게 우리가 만족할 줄 모르는 마음을 가지고 있으면 하나님의 법을 뛰어넘는 죄악 된 행위를 스스로 허락하게 됩니다. 만족할 줄 모르는 우리 마음의 빈틈이 노출될 때, 사탄은 이 절호의 기회를 놓치지 않는 것입니다.

한 미국 선교사를 통해 들은 이야기인데, 그 선교사의 집에 개가 한 마리 있었다고 합니다. 그 집에는 자유롭게 뛰어놀 만한 상당히 넓은 뜰이 있었는데도 그 개는 그 넓은 뜰 안에서 노는 것보다는 늘 담장 밖으로 나가려고 했다고 합니다. 그래서 매일 담장 밑을 파더니만 결국 구멍을 만들고 밖으로 도망쳐 버렸다고 했습니다. 우리의 모습이 이와 흡사하지 않은가 하는 생각이 듭니다. 하나님께서 주신 넓은 축복의 영역은 눈에 보이지도 않고, 그보다는 담 밖의 세계에 대하여 더 큰 호기심을 갖고 살다가 결국 뛰쳐나가서 아무도 돌봐 주지 않는 잃어버린 그 개처럼 되고 마는 것입니다. 이런 사람들이 적지 않은 것 같습니다. 하나님께서 우리에게 주신 넓은 영역의 축복과 자유로 인하여 만족하기보다는 한계 밖으로 뛰쳐나가려는 과도한 자유의 추구는 잃어버림이나 죽음을 의미하는 것입니다. 만족보다는 불만, 풍요로움보다는 허탈감, 평안보다는 괴로움과 외로움을 가져오게 합니다.

2. 자신의 한계를 인정하라

어떤 사람이 자기의 한 친구가 우스갯소리를 잘하여 주위 사람들에게 항상 인기가 좋은 것을 보고 자기도 그 친구처럼 되고 싶었습니다. 그래서 자기도 여러 가지 재미있는 이야기들을 생각하여 만들어 보기도 하고 수집하기도 하여 다른 친구들에게 재미있게 이야기하여 그들을 웃기고자 애를 썼습니다. 그러나 어찌된 일인지 그의 친구들은 번번이 그가 애써 준비한 유머에 대해 별로 웃지를 않았습니다. 여러 차례 이런 식으로 시도하였지만 여전히 신통치가 않았습니다. 그는 매우 실망이 되었습니다. 그러다가 하루는 자기 친구들에게 자신의 장래 꿈을 이야기하였습니다. "어이 친구들, 난 말이야, 앞으로 반드시 유명한 코미디언이 될 거란다." 친구들은 그제야 "와하하……" 하며 웃음을 터뜨렸습니다. 아마도 이 사람은 자기 소질에는 도무지 맞지 않는 것을 해보려고 지나치게 매달리며 애쓰는 사람 중 하나인 것 같습니다.

각 사람은 하나님께로부터 받은 재능, 은사 및 그 밖의 고유한 소질이나 특징이 있습니다. 그리고 또한 각 사람에게는 그들에게 주어진 일정한 한계도 있습니다. 우리는 이러한 한계를 인정하며 사는 것이 매우 중요하다고 생각됩니다. 또 한계가 있어야 전문성도 인정받을 수 있는 것입니다. 사람들이 잘못된 위치와 잘못된 역할인데도 불구하고 거기에 끝까지 버티고 서서 지나치게 애쓰는 것은 자신에게나 타인에게 많은 부작용을 일으키게 되는 것입니다. 이렇게 자신의 욕심이나 야심 때문에 한계를 벗어난 일에 집착하다 보면 항상 남을 의식하게 되어 불필요한 스트레스를 심하게 받으며 살게 됩니다. 그러므로 중요한 것은 모든 사람은 각자가 어떤 영역에서든 한계가 있다는 것을 인정하고 받아들이는 것이 필요합니다. 부러움의 대상을 과도하게 흉내 내며 사는 것보다는 자기로서 자기 삶을 사는 것이 행복한 것입니다.

로마서 12:1-2에서는 우리 각자가 자신을 거룩한 산 제사로 드리는 삶을 살 것을 권면합니다. "그러므로 형제들아, 내가 하나님의 모든 자비하심으로 너희를 권하노니, 너희 몸을 하나님이 기뻐하시는 거룩한 산제사로 드리라. 이는 너희의 드릴 영적 예배니라." 이 말씀처럼 우리가 하나님께 헌신된 삶을 살아갈 때 주님 안에서의 참된 행복과 기쁨, 보람과 만족을 누리게 됩니다.

그러나 때때로 우리는 마음 가운데 그렇지 못한 것을 발견할 때가 있습니다. 분명히 주님께 헌신된 삶을 살고 있지만 여전히 마음 가운데 만족스럽지 못한 것을 느끼는 것입니다. 왜 이런 문제가 생깁니까? 우리의 희생적이고 헌신적인 삶이 잘못되었기 때문에 그렇겠습니까? 결코 그렇지 않습니다. 우리가 주님께 헌신하여 살면서도 이런 문제가 생기는 원인은 많은 경우 바로 자신의 한계를 인정하지 않기 때문에 그런 것입니다.

그러므로 바로 이어지는 12:3 말씀에서는 이런 문제점에 대해 우리가 어떻게 해결할 것인가에 대해 가르쳐 주고 있습니다. 하나님께서는 헌신된 삶을 사는 우리 각 사람에게 "마땅히 생각할 그 이상의 생각을 품지 말고"라고 권면하시는데, 이것이 바로 문제 해결의 열쇠입니다. 하나님께서는 각 사람에게 맞는 은사와 능력을 주셨으며 자기 수준에 맞게 섬기도록 한계를 정해 주셨습니다. 이와 같은 한계는 하나님께서 우리에게 주신 최선의 축복이 되는 것입니다. 그러므로 자기의 은사와 능력, 재능과 소질을 다른 사람들의 그것과 비교하지 말아야 합니다.

> 오직 주께서 각 사람에게 나눠 주신 대로 하나님이 각 사람을 부르신 그대로 행하라. (고린도전서 7:17)

> 여호와여, 내 마음이 교만치 아니하고, 내 눈이 높지 아니하오며, 내가 큰일과 미치지 못할 기이한 일을 힘쓰지 아니하나이다. 실로 내가 내 심령으로 고요하고 평온케 하기를, 젖 뗀 아이가 그 어미 품에 있음 같게 하였나니, 내 중심이 젖 뗀 아이와 같도다. (시편 131:1-2)

이 말씀에서 가르쳐 주시는 것처럼 자신의 한계를 인정하는 것이 바로 심령으로 평안케 하며 또한 다른 사람도 평안케 하는 비결입니다. 한 사람이 어떤 독특한 재능, 은사를 받았다는 것은 반대로 그 외의 영역에서는 당연히 어떤 한계가 있다는 것을 의미합니다. 예를 들어, 우리 몸의 지체 중 손은 실로 수많은 일들을 정교하고 신속하게 해낼 수 있는 놀라운 능력과 다양한 기능이 있습니다. 다른 어떤 지체도 손처럼 정교하게 어떤 일을 하지는 못합니다. 하지만 손에는 나름대로의 일정한 한계가 있습니다. 그러므로 손은 발이 하는 기능, 눈이 하는 기능 및 귀가 하는 기능은 제대로 할 수 없는 것입니다. 이처럼 어떤 특별한 은사가 있다는 것은 달리 말하면 그 외의 다른 은사에는 제한을 받고 있다는 것입니다.

그러므로 우리는 자신의 은사나 재능을 자랑할 것이 아니라, 다만 겸손하게 그 은사로 다른 사람들을 섬기고, 또한 자신이 부족한 영역에서는 다른 사람의 은사와 재능을 필요로 할 줄 알아야 하며, 또 남들을 통해 도움을 받고자 하는 마음의 태도를 가져야 합니다. 그렇게 하면 모두가 만족하게 되고 모두가 덕을 세울 수 있습니다.

나는 오래 된 램프와 등잔을 몇 개 수집한 것이 있는데, 가끔 특별한 때 좋은 분위기를 만들고자 실제로 기름을 넣고 등불을 켜기도 합니다. 심지에 불을 붙이고 난 후 심지를 더 올리면 불꽃이 커져 더 밝아지고 낮추면 불꽃이 작아져 어두워지기 때문에 등잔의 밝기를 잘 조절할 줄 알아야 합니다. 그러나 이렇게 조절하는 데는 일정한 한계가 있습니다. 등불을 좀 더 밝게 한다고 지나치게 심지를 뽑아 올리면 불꽃이 더 밝아지는 것이 아니라 오히려 불완전 연소로 인해 그을음이 심하게 나고 나쁜 냄새까지 나게 됩니다. 우리도 때때로 과도한 욕심 때문에 자기 한계를 넘어갈 때가 있습니다. 그럴 때 우리는 자기 자신도 괴롭고 남도 해롭게 하는 결과를 초래하게 됩니다. 등불은 책을 읽는 사람이 글씨를 명확히 볼 수 있을 정도로 밝혀 줄 수 있거나 혹은 뜨개질하는 사람이 바늘 코를 잘 볼 수 있을 정도로 밝혀 주고 있으면 등불로서의 기능을 충분히 발휘하고 있는 것입니다.

사실 하나님께서 주신 한계는 우리에게는 은혜요 축복입니다. 만일 우리 귀가 제한이 없이 우주의 소리를 듣는다든가, 지구가 돌아가는 소리를 듣는다든가, 또는 거리와 관계없이 모든 소음을 들을 수 있고, 사람들의 말을 엿들을 수 있다면, 그것은 저주요 형벌입니다. 그러므로 하나님께서는 알맞게 청각 능력을 제한시키신 것입니다. 우리의 시력도 한계가 없다면, 못 볼 것을 보는 것 때문에 더 많은 문제와 부작용이 생길 것입니다. 모든 주어진 한계는 우리를 안정되게 살게 하고 겸손하게 하며 서로가 서로를 필요로 하게 하며, 더 나아가 하나님을 찾고 섬기는 신앙이 생기도록 하는 것입니다. 그러므로 우리는 자신에게 허락된 한계를 인하여 오히려 만족하고 감사해야 합니다.

성경에 나오는 많은 인물 중에 그리 특별한 은사도 없고 이루어 놓은 일도 별로 없는 것 같은 사람으로 마리아의 남편 요셉을 생각할 수 있습니다. 요셉은 평범한 사람이었습니다. 많은 그리스도인들은 모세를 닮기 원하고 엘리야나 바울을 닮기 원하고 있지 요셉을 닮으려는 개인 계발 목표를 가진 사람은 아마도 없을 것입니다. 예수님께서 공적 사역을 시작하신 이후 다른 식구들은 가끔 등장하고 있지만 요셉은 더 이상 나타나지 않고 있고, 또 예수님이 십자가상에서 요한에게 그 모친을 부탁하신 것을 보면, 이미 요셉은 세상을 떠난 것이 분명한 것 같습니다. 그러므로 오래 살면서 이루어 놓은 어떤 업적도 별로 없는 사람이었습니다. 예수님이 12세 때에 유월절을 위해 예루살렘에 함께 동행한 내용이 요셉에 대한 최후의 기록으로 되어 있을 뿐입니다.

마태복음 1:18-25은 요셉에 대하여 보여 주는 짤막한 기록 중 하나입니다. 그는 마리아를 만나 정혼한 중에 있었습니다. 가난한 삶을 살면서도 마리아와의 결혼을 앞두고 앞으로의 삶에 대해 아름다운 꿈을 꾸며 기대에 부푼 나날을 보내고 있었을 것입니다. 그러던 어느 날 참으로 충격적인 소식을 듣게 되었습니다. 약혼녀인 마리아가 자기와 관계없는 임신을 한 사실을 알게 된 것입니다. 우리가 만약 요셉이었다면 어떻게 하였겠습니까? 참으로 참담한 생각이 들었을 것입니다. 갖가지 상상을 해보며 많은 오해를 하였을 것입니다. 아름다운 꿈은 산산조각이 나고 깊은 절망에 빠져들었을 것 같습니다.

그러나 요셉이 이 상황에 대처한 것을 가만히 묵상해보면, 요셉이야말로 평범한 것 같지만 사실은 비범하고도 위대한 사람이었던 것을 알게 됩니다. 19절에 보면, "그 남편 요셉은 의로운 사람이라. 저를 드러내지 아니하고 가만히 끊고자 하여"라고 기록하고 있습니다. 요셉은 자신을 속이고 배신한 것으로 생각되는 마리아에게 어떻게든 앙갚음을 하고자 다투거나 괴롭게 할 수도 있었을 것입니다. 더욱이 유대 사회에서의 정혼은 결혼과 동등한 법적 효력이 있었기 때문에, 신명기 22:23-24 말씀대로 마리아를 돌로 쳐 죽이는 형벌도 가능한 것이었습니다. 그런데 요셉은 이처럼 어려운 상황에서 자기 감정대로 행하지 않고 도리어 곤경에 처한 마리아에게 더 이상의 어려움이나 부끄러움이 없도록 그 문제를 조용히 해결하고자 하였습니다. 그는 로마서 12:17의 "모든 사람 앞에서 선한 일을 도모하라"라고 한 말씀의 원리와 같은 삶을 산 것입니다.

20절에는 "이 일을 생각할 때에…"라고 기록되어 있는데, 이 말은 신중하게 생각하는 것을 의미하고 있습니다. 이처럼 그는 이 문제에 대해 특별히 사려 깊게 생각한 것을 볼 수 있습니다. 그는 즉흥적으로 감정에 치우쳐 행동하지 않고 심사숙고하여 결정하고자 하였습니다. 그 결과 그는 주님의 음성을 듣고 하나님의 엄청난 계획을 알게 되었습니다. 물론 이런 계획에 대하여 듣고도 보통 사람이라면 자신이 감당해야 할 희생 때문에 그대로 용납하기 힘든 것입니다. '하나님의 그런 계획은 놀랍고 훌륭하지만 왜 하필 나의 약혼녀를 통해 그런 일을 하셔야 합니까?', '나의 행복은 어떻게 합니까?' 하며 하나님을 원망할 수도 있었을 것입니다. 그러나 요셉은 이러한 육신적 생각에 매여 갈등하며 괴로워하지 않았습니다. 그는 다만 하나님의 계획을 듣고 겸손히 순종하였습니다.

21절에서 그는 앞으로 낳을 아기 이름을 예수라 하라는 지시를 들었습니다. 통상적으로라면 자기 아내가 낳은 아이의 이름은 아이에 대한 부모의 기대나 꿈에 맞게, 또는 그의 취향과 생각대로, 혹은 자기 가문의 전통이나 요구에 따라 짓게 되는 것입니다. 그러나 요셉은 그로부터 마리아가 아들을 낳을 때까지 많은 시간이 지난 후인데도 그 지시를 잊지 않고 그대로 순종하여 예수라고 이름을 지었습니다. 단순히 꿈속에서 본 것이기에 그 지시를 잊어버리고 자기 생각대로 이름을 지을 수도 있었지만 요셉은 그렇게 하지 않았습니다.

또 24절에 보면 요셉은 "잠을 깨어 일어나서 주의 사자의 분부대로" 행하였다고 하였습니다. 사람들은 꿈을 꿀 당시에는 진지하고 놀라워하다가도 꿈을 깨고 나면 그것을 가볍게 생각하고 무시하는 것이 보통입니다. 그러나 그는 자기 편리한 대로 생각하거나 무시하지 않고 그 꿈속에서의 주님의 사자의 지시대로 순종하여 아내 마리아를 데려왔습니다.

25절에서 요셉은 또한 "아들을 낳기까지 동침치 아니"하였다고 했습니다. 요셉은 자신의 상식이나 권리대로라면 아내를 데려온 후 남편으로서 얼마든지 마리아를 취할 수도 있었습니다. 그것이 어떤 죄가 되거나 하는 문제는 아니었습니다. 그러나 그는 개인의 권리와 욕구를 부인하고 하나님의 뜻을 이루는 일에 우선순위를 두고 하나님을 기쁘시게 하는 길을 선택하였습니다. 그는 자신을 한계 속에 묶어 놓았습니다. 그가 만약 자신의 권리를 추구하는 방향으로 행했다면 오늘날 매우 심각한 신학적 논쟁의 빌미를 만들게 되었을지도 모릅니다. 이런 중대한 일에 사탄이 어떤 궤계를 부릴 틈을 허락지 않도록 하기 위해 자신을 제한시켰던 것입니다.

> 모든 것이 가하나 모든 것이 유익한 것이 아니요, 모든 것이 가하나 모든 것이 덕을 세우는 것이 아니니, 누구든지 자기의 유익을 구치 말고 남의 유익을 구하라. (고린도전서 10:23-24)

이 말씀과 같이 요셉은 하나님 앞에서 덕을 세우는 수준의 삶을 살았습니다. 요셉은 행동하기 전에 깊이 생각하였으며 자기를 부인하고 하나님께서 기뻐하시는 최선의 길을 선택하였습니다. 위대하다는 것은 다른 사람이 없는 뛰어난 어떤 재주나 능력이 있는 것이 아니라 제한된 범위 안에서 그 한계를 넘지 않고 최선을 선택하는 태도에 있습니다. 언뜻 보면 요셉은 큰 업적을 남긴 것 같지는 않지만 평범한 삶 속에서 수준 높은 믿음의 삶을 삶으로 우리의 구세주 예수님의 탄생에서 참으로 중요한 역할을 한 것입니다.

우리도 자신의 맡은 직분을 감당해 나가면서, 종종 자신에게 일정한 한계가 있음을 인하여 답답해할 때도 있고, 어떤 때는 실망도 하고 더 나아가 분을 낼 때도 있습니다. 그러나 우리는 하나님께서 이러한 한계 가운데서 우리를 사용하시는 것에 대하여 만족해야 합니다. 때때로 하나님께서는 바로 우리의 한계와 제한된 능력을 사용하셔서 그의 뜻을 이루시기도 합니다.

그러므로 우리는 각자가 처한 위치에서 다만 최선을 다하도록 서로를 격려할 필요가 있습니다. 자신의 한계들을 받아들일 때, 우리는 비로소 불필요한 갈등과 스트레스로부터 자유로울 수 있습니다. 이것이 참된 만족을 누리는 열쇠라고 믿습니다. 만족의 높이는 한계를 용납하는 깊이에 비례한다고 생각합니다.

3. 주님 안에서 자랑하라

고린도후서 3:5에 보면, "우리가 무슨 일이든지 우리에게서 난 것같이 생각하여 스스로 만족할 것이 아니니, 우리의 만족은 오직 하나님께로서 났느니라"라고 하였습니다. 우리가 누릴 수 있는 참된 만족은 오직 하나님께로부터만 나온다고 하였습니다. 하나님이 주시는 만족만이 우리의 빈 마음을 충만하게 채울 수 있습니다. 인간이 나름대로 생산해 내려는 만족이란 항상 일시적인 것뿐입니다. 잠시 그 순간 만족을 누릴지 모르지만 조금 시간이 지나면 오히려 더 허망함과 후회와 허전함을 가져다주는 것이 사람이 만들어 내는 만족입니다. 인간이 그들의 역사 속에서 만족을 얻기 위해 시도해 온 많은 것들이 오히려 심각한 부작용을 안겨 주고 있는 것을 우리는 경험하고 있습니다. 인간이 만들어 낸 수많은 과학 문명의 이기들, 또는 다양한 사상, 이데올로기 혹은 철학의 개념들 따위가 사람에게 실로 어떤 만족을 주고 있습니까? 끝없이 변천하고 끝없이 새로운 것이 출현하지만 여전히 만족을 주지는 못합니다.

고린도후서 3:6에 보면, "저가 또 우리로 새 언약의 일꾼 되기에 만족케 하셨으니…"라고 하였습니다. 이 말씀에서는 우리가 무엇에 만족하게 해주신다고 하였습니까? 새 언약의 일꾼 되기에 만족하게 해주셨다고 하였습니다. 다른 것에 만족을 누리려 할 때는 오히려 우리가 후회와 실망 가운데 들어가게 되지만, 우리가 하나님의 새 언약의 일꾼 즉 복음의 일꾼이 될 때에 가장 만족스러운 삶을 살게 됨을 가르쳐 주고 있습니다. 이것을 믿는다면 우리 각 사람의 실생활에서 복음의 일꾼으로 사는 만족을 누릴 줄 알아야 합니다. 복음의 일꾼으로 자처하면서도 그 복음의 일꾼으로서의 삶에 만족하기보다는 한계 밖의 다른 어떤 것을 계속 더 추구하다가 갈등과 열등감 또는 좌절감과 씨름하면서 살게 된다면 결과적으로 새 언약의 일꾼의 가치를 무시하는 삶을 사는 것입니다. 옛 언약의 일꾼이었던 모세도 맡은 일에 충성되이 살았다면 새 언약의 일꾼 된 우리는 그 직분의 영광됨에 더욱 만족할 줄 알아야 합니다. 정죄의 직분도 영광이 있었다면 은혜의 직분, 복음의 직분의 영광은 더욱 비교할 수 없는 큰 영광인 것입니다. 달빛이 아무리 휘영청 밝아도 해가 떠오르면 그 빛을 잃듯이 옛 언약의 직분의 영광은 새 언약의 직분의 크고 큰 영광에 비교할 수가 없는 것입니다. 그렇다면 우리는 우리의 정체성과 신분에 대해 지대한 만족을 가져야 하는 것입니다.

고린도전서 15:10에 보면, "그러나 나의 나 된 것은 하나님의 은혜로 된 것이니, 내게 주신 그의 은혜가 헛되지 아니하여 내가 모든 사도보다 더 많이 수고하였으나, 내가 아니요 오직 나와 함께하신 하나님의 은혜로라"라고 사도 바울은 고백하고 있습니다. 우리 각 사람도 '나의 나 된 것' 즉 현재 자신이 복음의 일꾼 된 것뿐만 아니라 그 외에 자신이 지금 어떤 처지나 어떤 위치에 있든지 바로 그 상태가 하나님의 은혜로 된 것임을 믿어야 합니다. 세상적인 가치 기준으로 보면 사도 바울만큼 자기 처지에 대한 불만이 많을 사람도 없을 것입니다. 그는 그 나이가 되도록 결혼도 안 했고 당연히 낳아 기른 자녀도 없을 뿐만 아니라, 벌어 놓은 돈도 조그만 집 한 채도 없었으며, 피곤할 때 돌아가 쉴 만한 가정도 없었고, 그렇다고 세상적으로 알아주는 어떤 명예로운 지위가 있는 것도 아니었습니다. 그의 몸에 남아 있는 것이라곤 얻어맞은 자국들과 흉터 따위였습니다. 이렇듯 세상 사람들의 가치 기준으로 보면 그는 완전히 실패한 모습 그대로의 사람이었습니다. 그렇지만 그는 자신의 삶에 깊은 만족이 있었습니다. 이것은 그가 자기 자신을 세상적인 시야로 본 것이 아니라 하나님의 시야로 보았으며 자신이 하나님 앞에서 영광된 가치를 지닌 사람인 것을 알았기 때문이었습니다. 그러므로 그는 현재의 위치와 상태가 하나님의 은혜로 된 것임을 믿고 자신에 대해 진실로 만족하였습니다.

그렇기 때문에 우리도 자신이 현재 어떤 처지에 있든지 간에, 하나님께서 은혜 가운데 나를 위한 최선의 길로 인도하셨다는 믿음을 가지고 만족할 줄 알아야 합니다. 각 회사나 단체들이 연말이면 1년 동안의 실적에 대한 평가를 하게 됩니다. 또한 우리도 그리스도의 일꾼으로서 1년 동안의 자기 삶에 대해 평가해 보고 새해에 대한 계획을 세우곤 합니다. 그런데 평가 결과가 그다지 기뻐하거나 자랑할 만한 수준이 못 될 때가 있습니다. 그러나 우리는 그 해의 결과로 실망해서는 안 됩니다. 우리는 먼저 하나님의 일꾼 된 것으로 감사하고 만족해야 하는 것입니다. 그렇게 할 때에 그 만족이 우리를 풍요롭게 하고, 나중에 열매가 더욱 풍성하도록 이끌어 주게 되는 것입니다. 그러나 만약 우리가 이 시점에서 비교하고 질투하거나 좌절한다면 우리는 하나님 안에서의 만족을 잃어버리게 될 것입니다. 늘 그리스도인으로서 빛과 소금의 역할을 해야 함에도 불구하고 불만스러운 얼굴과 행동을 나타냄으로 다른 사람들과 하나님 앞에 덕을 끼치지 못하는 그런 삶을 살게 될 것입니다. 그러다가 한 걸음 더 지나쳐 그리스도 안에서의 신분 인식의 위기에 처하게 되는 경우도 있습니다.

전도서 1:8에, "만물의 피곤함을 사람이 말로 다 할 수 없나니, 눈은 보아도 족함이 없고 귀는 들어도 차지 아니하는도다"라고 말씀하고 있습니다. 귀와 눈으로 채움받고자 하는 만족의 추구는 끝이 없기 때문에 사람이 말로 다 할 수 없을 만큼 피곤하다고 하였습니다. 사람이 끝없이 추구하는 세속적인 만족은 궁극적으로 가치를 지닌 것이 없기 때문에 아무리 우리가 애써 보아도 지루하고 따분하여 피곤할 지경에 이르게 되는 것입니다. 우리 눈이나 귀가 충족하고자 하는 그 만족을 채워줄 수 있는 것은 사실상 세속적인 것에서는 찾을 수가 없기 때문에 결국은 권태롭기만 한 것입니다. 이런 끝없는 세상적인 만족의 추구는 자신만 피곤케 하는 것이 아니라 남도 피곤케 하며 결국에는 만물을 피곤케 하는 것입니다. 그러나 그리스도 안에서 하나님으로 말미암아 만족하는 삶을 사는 사람은 그 자신뿐만 아니라 다른 사람들도 건강하고 유쾌하게 하며 풍요롭게 해주는 삶을 살게 되는 것입니다.

고린도전서 1:29-31은 이렇게 말씀하고 있습니다.

> 이는 아무 육체라도 하나님 앞에서 자랑하지 못하게 하려 하심이라. 너희는 하나님께로부터 나서 그리스도 예수 안에 있고, 예수는 하나님께로서 나와서 우리에게 지혜와 의로움과 거룩함과 구속함이 되셨으니, 기록된바 "자랑하는 자는 주 안에서 자랑하라" 함과 같게 하려 함이니라.

'주 안에서 자랑'하는 것은 어떻게 하는 것입니까? 바로 주님께서 우리를 위해 이루어 놓으신 모든 것을 자랑하는 것입니다. 그리스도로 말미암아 우리로 지혜와 의로움과 거룩함과 구속함을 얻게 해주신 것을 자랑하는 것입니다. 그러나 세상 자랑이란 이와 반대로 자기 지혜와 능력, 자기가 쌓아 놓은 공적, 자기가 노력해 온 선행 등 인간의 힘으로 성취했다고 생각되는 것들을 자랑하는 것입니다. 그러나 하나님께서는 이런 것들을 자랑하지 말라고 하십니다(예레미야 9:23-24 참조). 이러한 것들은 우리의 본질적인 문제를 하나님 앞에서 해결할 수 있는 능력이 되지 못할 뿐만 아니라, 또한 우리에게 진정한 만족을 주는 자랑거리가 되지 못하기 때문입니다.

또 자기가 이루어 놓은 사역의 결과도 결국 하나님께서 친히 이루어 주신 것이기 때문에 우리의 자랑거리가 될 수는 없습니다. 오직 나를 통해 이 일을 이루신 주님을 자랑해야 하는 것입니다. 우리가 지금 그리스도 안에서 누리고 있는 모든 것은 주님께서 해주신 것입니다. 그러므로 우리는 오직 주님만을 자랑해야 하는 것입니다. 우리가 이렇게 할 때 다른 것에서 찾을 수 없었던 참된 만족을 주님으로 말미암아 경험하게 될 것입니다. 예수 그리스도는 우리의 참된 만족의 자원과 기초이십니다.

4. 참된 만족의 근원

앞에서 언급한 바와 같이 오직 우리의 참된 만족은 그리스도를 올바로 아는 데 있습니다. 이는 그리스도가 바로 "우리에게 지혜와 의로움과 거룩함과 구속함"이 되시기 때문입니다. 우리가 이것을 인정하는 믿음을 가지고 살 때 모든 불만은 사라지고 우리는 그리스도 안에 있는 진정한 풍요로움과 만족을 경험하게 될 것입니다. 이런 만족 가운데 있을 때에는 어떤 유혹이 닥쳐와도 흔들림이 없고, 남과 비교하지 않습니다. 그러나 그리스도 밖에서 만족을 추구하는 그리스도인은 자기 속에 계신 그리스도의 충만을 경험하지 못하게 되기 때문에 보잘것없는 자기 자신이라는 자원을 의지하고 메마른 샘을 끝없이 파면서 갈증에 헐떡이는 불만의 삶을 살게 되는 것입니다.

이사야 58:11 말씀은 우리에게 참으로 풍성한 삶을 약속하고 있습니다.

> 나 여호와가 너를 항상 인도하여 마른 곳에서도
> 네 영혼을 만족케 하며 네 **뼈**를 견고케 하리니,
> 너는 물 댄 동산 같겠고 물이 끊어지지 아니하는
> 샘 같을 것이라.

얼마나 풍요로운 약속의 말씀입니까? 그러나 우리 인생의 여정에서 때때로 우리는 자신이 지금 마른 곳에 거하고 있다고 생각할 때가 있습니다. 직장에서 상사가 나의 기여도를 너무 무가치하게 여기는 것 같을 때, 또는 부모로서 자녀가 원하는 대로 성장하지 못하는 모습을 볼 때 마른 땅에 거하는 것처럼 느끼기도 합니다. 혹시 자기가 기대한 만큼 남편이 자기를 사랑해 주지 않는다든지, 아내가 자기를 세심하게 배려해 주지 않는다고 생각될 때, 그런 것에 대한 불만 때문에 자신이 지금 마른 곳에 거하고 있다고 생각하게 되는 것입니다. 우리는 이런 모든 것에 불만스러워하다 보면 끝이 없습니다. 더욱 더 고갈되고 황폐해져 갈 수 있습니다. 바로 이때 그런 생각에 붙잡혀 있기보다는 그런 곳에서도 만족케 해주시는 주님으로 말미암아 내가 먼저 마음에 풍성함을 누려야 합니다.

만족할 줄 아는 사람이 다른 사람도 만족시켜 줄 수 있는 것입니다. 불만에 찬 사람은 늘 주위의 다른 사람들까지 불만스러운 사람들로 만듭니다. 나에게 만족이 가득하면 나로 인하여 내 아내가 만족하게 되고 나의 아들딸들이 만족하게 되며 내 이웃이 만족하게 됩니다. 이렇게 사는 것이 풍성한 자원 되신 예수 그리스도로 말미암아 만족하는 삶을 사는 사람의 모습입니다. 어떤 사람들은 이와 같은 그리스도인의 삶에 대해, 지나치게 하나님께 수동적이며 진취적이지 못하고 창의력도 없는 삶이 아니냐고 비평합니다. 그러나 진정으로 하나님으로 말미암아 사는 그리스도인만이 세상에서 누구보다 적극적이고 미래지향적 진취성이 삶 속에 드러나며 올바른 일에 생산적인 삶을 살게 되는 것입니다.

마른 곳에서도 우리 영혼을 만족하게 인도하시는 여호와 하나님께서 우리 안에 계시지 않습니까? 그렇기 때문에 우리는 물 댄 동산 같고 물이 끊어지지 아니하는 샘 같은 삶을 살게 될 것입니다. 우리가 그렇게 살 때에 어둡고 암담한 사망의 음침한 골짜기 같은 이 세상을 복음의 빛으로 밝힐 수 있는 것입니다.

> 이에 롯이 눈을 들어 요단 들을 바라본즉 소알까지 온 땅에 물이 넉넉하니, 여호와께서 소돔과 고모라를 멸하시기 전이었는 고로 여호와의 동산 같고 애굽 땅과 같았더라. 그러므로 롯이 요단 온 들을 택하고 동으로 옮기니, 그들이 서로 떠난지라. (창세기 13:10- 11)

이 말씀은 롯과 아브라함의 집안이 번성하여 종들과 가축 등 모든 소유가 넘쳐 남으로 늘 함께 있기가 힘들어서 분가를 해야 할 상황이 된 때의 이야기입니다. 우리는 여기서 어떤 한 단계의 성공적인 삶을 산 이후에 새로운 진로를 선택할 때 어떻게 올바른 결정을 할 것인가에 대한 교훈을 배울 수 있습니다. 롯은 이 시점에서 자신의 선택이 하나님의 약속과 어떤 연관성이 있는가를 살펴보고 하나님 앞에서 기도하는 마음으로 결정을 했어야 했습니다. 그것이 정상적이며 성서적인 삶을 사는 태도입니다. 그러나 롯은 여기서 어떤 것이 올바른 주님의 뜻인가를 분별하고자 하는 관심보다는 너무나 자연스럽게 자기 눈을 의지하여 판단하고 결정함으로 잘못된 길로 들어서고 말았습니다.

롯은 사방을 죽 둘러보다가 유난히 마음이 끌리는 곳에 시선을 멈추었습니다. 그곳은 바로 요단 들이었습니다. 그가 볼 때 거기서부터 소알까지 온 땅에 물이 넉넉하게 보였습니다. 그곳은 그가 보기에 여호와의 동산 같고 애굽 땅과 같았습니다. 여기서 애굽 땅과 같다고 한 것은 롯이 여전히 애굽 땅에 대해 미련이 있었다는 것을 암시합니다. 다른 땅도 많이 있을 텐데 그는 왜 하필 애굽 땅 생각을 했겠습니까? 그는 아브라함을 따라 애굽 땅까지 갔다가 다시 아브라함을 따라 애굽에서 나와 올라오기는 했지만, 그가 애굽을 나온 것은 자기 믿음이 아니라 타의에 의해 피동적으로 그렇게 한 것 같습니다. '그냥 애굽에 머물러 있었으면 좋았을걸' 하는 생각이 그의 마음속에 여전히 있었던 것 같습니다. 애굽 땅이 좋다는 기억이 없다면 '애굽 땅과 같았더라'라는 생각을 하지 않았을 것입니다. 롯은 이전에 아브라함과 함께 애굽에서 하나님의 인도하심이 아닌 삶의 결과가 어떠한 것인지를 뼈저리게 경험했음에도 불구하고 아브라함과 달리 애굽 땅에 대한 세상적 미련이 남아 있었기에 결국에는 애굽 땅과 같이 느껴지는 곳을 선택하게 된 것입니다. 그리하여 그는 애굽 땅과 비슷한 조건이 갖추어진 땅이 눈에 들어오자 결국 자기 눈에 만족스럽게 보이는 그곳을 선택하고 그리로 나아간 것입니다.

우리의 삶에서도 이와 비슷한 경험을 할 때가 있습니다. 자기 눈에 만족스러운 것을 선택하게 되면 그것이 하나님의 뜻인 줄로 생각하게 됩니다. 또한 잠시 동안 그곳에서 모든 일이 잘 풀리면 마치 하나님이 형통케 도와주시는 줄로 착각하기도 합니다. 이로 인하여 의기양양하며 얼마 동안 만족을 누릴 수도 있겠지만 그러나 이러한 삶은 결코 참된 만족이 되지는 못합니다. 우리가 어떤 선택을 하든지 우리 육신의 눈에만 만족스러운 선택을 하는 것은 대부분 실패하게 되는 것입니다.

롯이 직면한 것과 동일한 상황에서 아브라함은 마른 땅 같은 곳을 선택했습니다. 눈으로 보기에는 도저히 만족스럽지 못한 곳을 택한 것입니다. 아브라함이 바라본 곳은 하나님의 약속의 땅이지만 자기 눈으로 보기에는 전혀 만족스러운 땅이 아니었습니다. 그곳은 황무지 같은 척박한 땅인데도 그는 약속을 따라 그곳을 선택하여 거했습니다.

　그러나 롯은 그 잘못된 선택의 결과로 장막을 옮겨 결국 소돔까지 이르렀고(창세기 13:12) 죄악으로 들끓는 그곳에서 고통스런 삶을 살고 있었습니다. 하나님이 소돔 성을 심판하실 때도 황급히 도망쳐 나왔어야 했는데 우유부단하게 지체하다가 겨우 몸만 가까스로 빠져 나왔던 것입니다. 그나마 그가 살 수 있었던 것은 하나님께서 아브라함을 생각하여 롯을 성에서 내어 보내신 것이라고 창세기 19:29에 기록하고 있습니다.

　롯은 그 당시에 자신이 처한 형편에서 만족이 없는 사람이었습니다. 그는 아브라함과 함께하는 경건하고 영적인 환경 속에 살면서도 그것으로 만족하기보다는, 화려하게 보이는 세상의 어떤 것이 더 만족스럽지 않을까 기대하며 그것을 추구한 사람이었습니다. 그러나 아브라함은 하나님과 함께하는 삶과 하나님이 주신 약속의 땅으로 인하여 만족하는 사람이었습니다.

　우리는 어떻습니까? 하나님께서 우리들에게 무엇을 허락해 주시든지 그것에 만족하는 삶을 살고 있습니까? 하나님의 절대주권은 최종적으로 우리에게 선한 결과를 이루게 해주신다는 사실을 믿고, 허락해 주신 상황에 대해 감사하며 하나님 때문에 만족함을 느끼고 있습니까?

　디모데후서 4:10은 안타까운 한 사람에 대해 기록하

고 있습니다. "데마는 이 세상을 사랑하여 나를 버리고 데살로니가로 갔고…." 여기에 나오는 데마라고 하는 인물은 골로새서 4:14과 빌레몬서 24절에도 나옵니다. 이 두 서신에 기록될 때만 해도 그는 사도 바울의 선교사 팀에 함께하면서 훌륭하게 자기 역할을 수행하던 중요한 일꾼이었습니다. 바울 서신의 문안 인사에 그의 이름이 기록된 것으로 보아 그는 아시아의 여러 교회에 널리 알려진 인물임에 틀림없는 사람이었습니다. 그러던 그가 여기 디모데후서 4:10의 시점에 와서는 사도 바울과 그 팀을 버리고 데살로니가로 가버린 것입니다. 그가 떠난 이유는 세상을 사랑했기 때문이라고 했습니다. 그가 세상을 사랑했다는 것은 사도 바울의 선교사 팀이 가지고 있는 사명의 영원한 가치에 만족하지 못하고 세상의 다른 어떤 것에서 무언가 특이한 만족을 추구했다는 것입니다. 그랬을 때에 그가 과연 처음 기대한 것만큼 세상에서 만족을 누리며 살게 되었겠습니까? 그는 결국 더 중하고 영원한 가치가 있는 것을 잃어버리는 실패의 삶을 살게 되었을 것입니다.

우리는 현재 주님을 알아 가고 배워 가는 삶의 과정과 주어진 환경에 대하여 얼마나 만족하고 있으며, 참으로 그것을 하나님의 은혜로 생각하며 살고 있는지를 스스로 살펴보아야 합니다. 우리들의 결혼한 그 아내 또는 남편에 대해 정말 만족하고 감사하는 마음을 가지고 있습니까? 우리가 낳은 아들딸들에 대해 만족하고 있습니까? 왜 우리 애는 옆집의 누구 같지 못할까 하고 비교하며 불만스러워하고 있지는 않습니까? 아니면 있는 그대로의 모습을 용납하며 만족하고 있습니까? 나와 관계된 모든 사람들과 모든 일들, 그리고 모든 기대하는 목표를 세상의 가치관의 기준으로 바라보면 불만과 속상함과 분노가 쌓일 수밖에 없는 것입니다. 그러나 세상에 속한 가치들이란 아무리 높은 수준으로 성취했다고 해도 지나가는 바람과 같을 뿐입니다.

  부는 바람을 잡으려고 하는 사람이 있다면 그런 사람을 정신이 이상한 사람이라고 할 것입니다. 떠나가는 구름이 아무리 아름답다고 하더라도 그것을 잡으려고 애쓰는 사람은 없습니다. 왜냐하면 그것은 그저 떠나가는 것이기 때문입니다. 흐르는 시냇물을 손으로 움켜잡아 멈추게 하려고 하는 사람도 없습니다. 그것은 흘러 떠내려가는 것이기 때문입니다. 결국 지나가는 것이나 흘러 떠내려가는 것에 우리의 만족의 초점을 맞출 이유가 어디에 있습니까? 바람처럼, 구름처럼, 강물처럼 흘러가는 것에 왜 연연해야 합니까? 그런데 데마는 바로 이런 것에 만족의 초점을 맞춘 것입니다.

  그러나 요한일서 2:17 말씀은 분명히 이 세상도 그 정욕도 지나간다고 하였습니다. 이렇게 세상도 정욕도 다 지나가고 마는 것이지만 그러나 영원히 남는 것이 있습니다. "오직 하나님의 뜻을 행하는 이는 영원히 거하느니라." 우리는 여기에 만족의 기초를 두어야 합니다.

성경에는 수많은 사람들의 이름과 행적들이 기록되어 있습니다. 그들 중에 어떤 사람들은 성공하고 어떤 사람들은 실패한 것을 봅니다. 우리의 일생의 삶이 이 두 부류의 사람들 중 어느 쪽에 속할 것인가를 항상 주의 깊게 살펴보며 매일 매순간을 올바른 선택을 하며 살아가야겠습니다. 우리가 지나가고 흘러 떠내려가 버리는 세상 정욕과 세상 자랑 따위에 만족의 기초를 두고 살아가지 말고, 영원한 것을 위하여 영원한 약속과 연관된 삶에 만족의 기초를 두고 살아가야겠습니다. 오직 하나님이 제시해 주시고 약속해 주신 일에 자신을 드릴 때 기쁨을 누릴 수 있는 것을 믿음으로 인정하며 살아야겠습니다. 우리가 현재 처해 있는 위치나 상황을 마른 곳으로 생각하여 실망하거나 불평하며 좌절에 빠지지 말고, 하나님께서 결국은 우리를 물 댄 동산, 물이 끊어지지 않는 샘물이 있는 곳으로 인도하여 주실 것을 확신하며 살아야겠습니다. 우리에게 허락된 21세기에도 이 약속을 주신 것에 감사하면서 우리의 남은 생애를 열심히 헌신적으로 살아갈 때, 우리 생애는 진정으로 풍요로운 만족의 삶이 될 것입니다.

제 III 부

차고 넘치는 삶

제 1 장

이 시대의 절망과 희망

주지하다시피, 유럽의 역사가 중세에서 근세로 접어들 때 그들의 활동 무대는 지중해로부터 대서양 방면으로 옮아가게 되었으며, 이때 영국, 스페인, 프랑스, 네덜란드 등 유럽 열강은 해외 진출에 눈을 돌려 발빠르게 식민지 개척에 힘썼고 통상은 더욱 확대되어 샸습니다. 영국 엘리자베스 여왕 시대인 1588년에 스페인의 무적함대가 영국을 공격해 들어가다 영국 해협에서 격파된 후에 스페인의 해상권은 약화되고 대신 영국이 대서양의 해상권을 장악하게 되었는데, 이때부터 영국은 식민지 확장을 통해 넓은 시장을 확보하게 되었고, 아울러 모직물 공업 등의 산업이 활발하게 일어났으며 과학기술도 발달되어 갔습니다.

　이 시대 영국의 철학자 프랜시스 베이컨은 지식과 경험적인 것, 실용적인 것, 과학적인 것의 가치를 강조하는 철학 이론을 주장했습니다. 그의 철학은 당시 영국을 비롯한 유럽의 정치, 종교, 학문 등 광범위한 영역에서 커다란 영향을 미쳤으며, 유럽의 근대 과학 발전에 박차를 가하는 데에 인과적 관계가 있다고 볼 수 있습니다. 이후 18세기 후반에 이르러서는 자연과학의 진보와, 기계, 동력 및 기타 발명품들의 응용에 따라 여러 가지 생산 수단이 비약적으로 발전하게 되고 경제상의 근대자본주의에 따른 산업혁명이 영국을 중심으로 전개되게 되었습니다. 이때부터 물질생활의 개선과 공급을 위한 광범위한 사회적 요구에 따라 과학과 기술은 오늘날까지 세계 전반에 걸쳐 경쟁적 분위기 가운데 지속적이며 가속적으로 발전되어 왔습니다.

　사람들은 이 과학 문명이 결국은 인간의 모든 필요와 모든 문제들을 다 해결해 줄 것으로 기대하며, 이러한 과학을 인류의 소망 내지 목표로 여기고 발전시켜 가고 있습니다. 인간의 장기를 다른 동물의 몸에서 키운 다음 이식시켜 인간의 건강 문제를 해결하는 연구도 상당한 단계까지 발전되고 있고, 심지어는 멀지 않은 장래에 인간의 세포와 호르몬을 조절하여 늙는 문제도 해결할 수 있다고도 합니다. 인간 유전자 지도를 완전히 해독하게 되면, 인간의 심각한 질병들을 머지않아 대부분 치료 가능하게 될 것이므로 21세기는 난치병으로부터의 해방 시대가 될 것을 전망하고 있고, 인간이 150세까지도 살 수 있게 될 것이라고 자못 성급한 희망도 가지고 있는 것 같습니다. 이미 지난 2000년 6월 26일 빌 클린턴 미국 대통령은 이날 오전 10시에 백악관에서 "인간 유전자 지도는 인류가 생산해 낸 가장 경이로운 지도"라고 평가하면서, 국제 컨소시엄인 휴먼 게놈 프로젝트(HGP)와 민간 기업체인 셀레라제노믹스(Celera Genomics)사의 연구 결과의 초안을 공동 발표하는 특별 기자회견을 가진 바 있습니다. 과학은 이처럼 하루가 다르게 엄청난 속도로 발전해 가고 있습니다.

그래서 이와 같은 과학의 시대에 살고 있는 사람들은 오늘의 시대를 초(超)종교 시대, 다시 말하면 종교가 필요 없는 과학 만능의 시대라고 주장하기도 합니다. 이들은 과학이 발전하기 전, 인간이 너무나 연약하여 자신들의 많은 문제를 스스로 해결할 수 없을 때에나 종교가 필요했지 이제는 과학의 발전으로 인하여 인간의 힘으로 어떤 문제든 해결할 수 있는 단계까지 이르렀기 때문에 종교는 필요 없는 시대가 되었다고 말하는 것입니다. 그러나 우리가 과학의 발전과 더불어 21세기를 바라볼 때 거기에는 긍정적인 측면만 있는 것은 아닙니다. 오히려 과학 때문에 인간이 패망의 길로 가고 있는 부정적인 측면들도 많이 있습니다.

　많은 사람들이 알고 있는 일들이지만, 유엔 산하의 환경 단체들의 보고를 보면 21세기는 독성 폐기물이 날로 증대하여 수질 오염, 공기 오염, 토양 오염 등이 더욱 심각해질 것이라고 합니다. 유전공학을 이용하면 인구가 아무리 팽창하더라도 그 필요한 식량 문제를 충분히 해결할 수 있다는 낙관론을 주장하는 사람들도 있지만, 실상은 식량 부족으로 굶어 죽는 것이 앞으로 지구상 인류의 사망 원인 중 가장 큰 비율을 차지할 수 있다는 경고가 나오고 있습니다. 또한 2050년이 되면 지구 전 인류의 3분의 2가 물 부족으로 고통받게 될 것이라는 예측도 나오고 있습니다. 불과 수십 년 전에만 해도 우리는 서울에서도 샘물을 그대로 마셨습니다. 그런데 지금은 수돗물도 마음 놓고 마시지 못하고 있습니다. 정수기를 사용하든지 생수를 사 먹어야만 되는 상황이 되었습니다. 에너지 부족, 심각한 대기 오염, 지구 온난화로 인한 극심한 홍수, 가뭄 등 각종 재난들은 단지 미래의 이야기가 아니라 실제로 우리가 현재의 삶에서 경험하는 일들입니다. 신종 전염병이 창궐해서 많은 동물들이 멸종해 가고 있고, 인종 갈등, 테러, 전쟁 또는 온갖 새로운 정신병 등이 가득한 지구가 될 수 있다는 것을 유엔 산하 환경 단체들이 보고한 바 있습니다.

　학자들의 주장에 의하면 지구의 한계 인구는 20억이

라고 합니다. 그렇다면 현재 지구 인구 70억은 이미 그 한계를 세 배 이상이나 뛰어넘은 위험 수위에 도달한 것입니다. 그런데도 지구 인구는 현 수준에 머물러 있지 않고 계속 증가하여 2050년에는 95억이 될 것이라고 예상하고 있습니다. 산업혁명 당시 지구의 숲이 16퍼센트였는데 지금은 7퍼센트에 불과하다고 합니다. 1초에 축구장 두 개 면적의 숲이 사라져 가고 있으며 2050년이면 브라질의 숲이 사라질 것이라고 합니다. 인구가 증가한 만큼 거기에 필요한 숲도 그 넓이가 증가해야 하는데 오히려 정반대 현상으로 달려가고 있습니다. 우리가 고기 1kg을 얻는 데는 7kg의 풀과 7톤의 물이 필요하다고 합니다. 그러나 갈수록 지구는 인간에 의하여 사막화되어 가고 있는 것입니다.

선진국의 대표적인 특징의 하나는 대량 생산과 대량 소비 생활 패턴입니다. 그러므로 지구를 이 지경이 되도록 만들어 놓은 책임은 사실 선진국에 있는 것입니다. 그들의 과학 발전은 긍정적인 측면도 많지만 심각한 부정적 측면들이 있는 것입니다. 특별한 조치 없이 이대로 방치해 두었다가는 결국 지구는 파멸에 이르게 될 것입니다. 그러므로 이러한 문제를 해결하려는 적극적인 시도는 과학 발전의 지속보다도 훨씬 더 시급한데도 우리 주위에는 이에 대한 바람직한 일들은 별로 나타나고 있는 것 같지 않습니다. 또한 이런 것은 이미 우리에게 상식화된 사실들이지만 우리는 이에 대해 그 심각성만큼 의식하며 살고 있지는 않는 것 같습니다. 위험 불감증에 걸린 사람들이 너무나 많은 것입니다.

또 인구 문제가 너무 심각해지니까 어떤 나라에서는 한 가정에 한 자녀만 낳도록 권장하고 있기도 합니다. 자녀를 그보다 많이 낳으면 그 다음 아이부터는 사회적 혜택을 덜 줌으로 하나씩만 낳도록 유도하고 있는 것입니다. 그래서 자녀를 하나씩만 낳다 보니까 인구 증가는 억제되지만 다른 면에서 문제가 생기게 됩니다. 각 가정에서 혼자 자란 아이들이 과보호 양육으로 인하여 대체로 고집이 세고 자기밖에 모르며 이기적이므로 사회생활에 적응을 잘 못하게 되는 것입니다. 그들은 집 안에서는 왕자와 공주이지만 밖에 나가면 그 사회의 고아처럼 되어 버리는 것입니다. 그들 중 간혹 외국에 유학을 가면 새로운 환경과 문화에 적응하지 못하고 결국 본국으로 실패감을 안고 돌아오는 아이들도 상당수 있다고 합니다.

이런 상황은 한국에서도 마찬가지입니다. 자녀를 하나만 낳아 기르는 부모들은 낮에나 밤에나 쉴 새 없이 하나밖에 없는 자식 때문에 노심초사 가슴앓이를 하며 살아갑니다. 눈에 넣어도 아프지 않은 자기 자식이 어쩌다 학교에서 선생님께 처벌을 받기라도 하면, 그 엄마는 흥분하여 단숨에 학교로 달려가서 어린 학생들이 보는 앞에서 창피한 줄도 모르고, 큰 소리로 선생님께 항의하며 때로는 폭력까지도 행사합니다. 이 아이가 좀 더 자라서 중고등학교에 들어가서 다시 선생님께 처벌을 받게 되면, 이제는 엄마를 부르는 것이 아니라 좀 더 진보된 방법으로 경찰에게 선생님을 신고해 버리는 것입니다.

또한 선진국일수록 개인의 자유와 쾌락 추구를 전통적인 가정이나 사회의 통념보다 우선시하는 가치관이 팽배하고 있어서, 결혼을 한 예로 들자면, 책임과 의무는 없이 자유롭게 개인의 욕구와 필요에 따라 만났다가 쉽게 헤어지기도 하는, 이기적이고 편리주의적인 남녀 관계가 점점 더 늘어가고 있습니다. 또한 이미 결혼 생활을 상당 기간 해온 사람들의 가치관도 바뀌게 되어, 갈수록 이혼율은 증가하고 있으며, 이로 인하여 사회적 문제와 도덕적 타락은 더욱 심화되고 있습니다. 이런저런 문제들로 온 지구는 갈수록 복잡하고 심각한 문제의 수렁 속으로 빠져 들어가는 절망스러운 현상에 직면하고 있는 것입니다. 이러한 시대에 우리의 희망은 과연 무엇이겠습니까?

> 피조물의 고대하는 바는 하나님의 아들들의 나타나는 것이니, 피조물이 허무한 데 굴복하는 것은 자기 뜻이 아니요 오직 굴복케 하시는 이로 말미

암음이라. 그 바라는 것은 피조물도 썩어짐의 종 노릇한 데서 해방되어 하나님의 자녀들의 영광의 자유에 이르는 것이니라. 피조물이 다 이제까지 함께 탄식하며 함께 고통하는 것을 우리가 아나니, 이뿐 아니라 또한 우리 곧 성령의 처음 익은 열매를 받은 우리까지도 속으로 탄식하여 양자 될 것 곧 우리 몸의 구속을 기다리느니라. 우리가 소망으로 구원을 얻었으매 보이는 소망이 소망이 아니니 보는 것을 누가 바라리요. 만일 우리가 보지 못하는 것을 바라면 참음으로 기다릴지니라.
(로마서 8:19-25)

19절에 "피조물의 고대하는 바는 하나님의 아들들의 나타나는 것이니"라고 하였는데, 여기서 지칭하는 피조물이란 인간 외의 모든 만물을 가리키는 것입니다. 그런데 이들이 20절에 보면 "허무한 데 굴복"한다고 하였습니다. 허무한 데 굴복한다는 것은 그 밑에 나오는 "썩어짐의 종노릇"하는 것과 같은 의미입니다. 결국 썩어져서 허무하게 되는 운명에 처해진 것, 이것은 곧 죽음을 의미하는 것이며 쇠하고 부패함을 의미하는 것입니다. 또는 목표에 대해 공허해진 삶을 의미하기도 하며, 죄된 상태 그 자체를 의미하기도 하는 것입니다. 인간의 죄악으로 말미암은 하나님의 저주 때문에 만물까지도 고통을 받고 허무한 데 굴복하고 썩어짐의 종노릇하는 상태에 있게 된 것입니다. 이것을 해결할 수 있는 근본적인 해결책은, 과학이나 철학이나 어떤 학문이 아니고, 하나님의 아들들이 나타나는 것이라고 말씀하고 있습니다. 하나님의 아들들이 나타나는 것이라는 말씀은 최종적으로는 그리스도께서 다시 오실 때 일어나는 일이며, 그때는 우리가 몸의 구속(23절) 곧 부활의 영광을 경험하게 되고(로마서 8:18, 빌립보서 3:21, 히브리서 2:10, 요한일서 3:2, 골로새서 3:4 등 참조), 피조물들도 결국 그리스도의 영광을 함께 누리게 되는 것입니다(요한계시록 21:5). 피조물들도 무언중에 이렇게 새로워질 때를 간절히 기다리고 있는 것입니다.

우리가 아직 익기 전의 풋열매들을 보고 장차 분명히 있을 풍요로운 추수 때를 내다보며 그때 있을 기쁨과 부요함과 영광스러움을 현재 누리게 되듯이, 우리의 최종적 완전성은 그리스도께서 재림하실 때인 미래에 있으나 이미 이 땅에서 현재 그것을 누리며 사는 것입니다. 우리가 누릴 완전성에 대한 미래의 확신은 현재의 삶에 영향을 주기 때문에, 그리스도 안에서 이런 소망을 가진 우리들은 황폐해진 현실을 도피하려는 태도를 갖는 것이 아니라, 오히려 우리가 발 딛고 있는 현재의 삶에서 이 땅의 문제들을 적극적으로 해결해 주고 남의 진정한 필요를 알아 채워 주고 만물에까지도 희망이 되는 역할을 지금 실천하며 살아야 되는 것입니다. 그러므로 우리의 소망의 최종적 성취는 미래에 있지만 지금 이 땅에서 우리들은 세상의 빛과 소금의 역할(마태복음 5:13-16 참조)을 다해야 하는 것입니다.

　원래 하나님께서는 사람으로 하여금 세상을 지배하도록 창조하셨습니다. 그러나 죄가 없는 인간이 이 세상을 지배하면 이 세상을 하나님의 뜻에 맞게 올바로 지배하고 이끌어 갈 수 있지만, 죄 된 인간 즉 거듭나지 않은 인간이 이 세상을 지배할 때는 아무리 새로운 제도를 만들고 새로운 해결책을 내놓는다 해도 결국 이 세상은 허무한 데 굴복하게 되고 썩어짐의 종노릇하는 결과밖에 가져올 수 없는 것입니다. 그렇기 때문에 거듭난 그리스도인들이 올바른 믿음 가운데 나타나서 세상과 만물의 희망이 되어 주는 삶을 살아야 하는 것입니다.

　요즈음에는 거듭난다는 말을 원래의 성서적 의미와는 다르게 아무 데나 함부로 사용하고 있어서 혼돈을 일으키고 있는데, 그리스도인이 먼저 이에 대해 올바른 이해를 하고 그 의미를 바로잡아 주지 않으면 거듭난다는 의미가 세속화되어 버리고 말 것입니다. 흔히 정치인들이나 어떤 사회단체들이 자주 이제는 거듭나는 각오로 일하겠다느니 혹은 자기 당이나 단체가 거듭나겠다고 말하곤 합니다. 아마도 이들은 이전과는 달리 새로운 자세나 새로운 각오로 임하겠다는 의미로 그렇게 말하는 것 같습니다. 그러나 거듭난다고 하는 것은 어떤 새로운 결심이나 각오가 아닙니다. 어떤 정책을 새롭게 펴겠다는 의미도 아닙니다. 성경에서 말하는 거듭난다는 것은 성령으로 다시 태어나는 것을 의미합니다. 어떤 개선이나 변화 정도가 아니라 말 그대로 예수 그리스도를 마음속에 영접함으로 말미암아 하나님의 자녀로 새로 태어나는 것이며, 어둠과 빛의 차이처럼 근본적으로 바뀌는 것을 의미합니다.

 예전에 물자가 부족할 때에 냄비 등에 구멍이 나면 그 구멍을 때워서 얼마 동안 더 사용하곤 했습니다. 이렇게 구멍 난 그릇을 땜장이가 땜질을 잘하여 다시 쓸 수 있게 된 것은 거듭났다고 표현할 수 있는 것이 아닙니다. 거듭났다는 것은 그런 것이 아니라 쓸 수 없게 된 그릇들을 모아 완전히 녹여서 전혀 새로운 그릇으로 다시 만드는 것입니다. 성령으로 거듭나는 것 또는 중생(重生)한다는 것은 이전보다 성격이나 태도가 개선되거나 좋아지는 정도가 아니라 성령으로 말미암아 새로운 생명을 받아 다시 태어나는 차원적인 변화를 의미합니다. 우리는 이렇게 진정으로 거듭난 사람들이 이 세상에서 올바른 영향을 끼치고 빛과 소금의 역할을 할 수 있게 되도록, 그들을 양육하고 훈련하여 세상을 바른 길로 이끌어 가도록 도와줄 뿐만 아니라, 그들의 최종적 완전성이 부활의 영광에 있다는 것을 소망하도록 도와

주어야 합니다. 이러한 일을 통해 세상이 그리스도를 인정하고 소망하는 일이 일어날 때, 세상은 그 복잡한 문제들의 해결책을 찾게 되고 만물들도 허무한 데 굴복하는 것, 썩어짐의 종노릇하는 것에서 해방되게 되는 것입니다. 그렇기 때문에 앞의 로마서 8:19에서는 피조물들의 유일한 희망의 근거는 바로 하나님의 아들들이 나타나는 것이라고 말씀하고 있는 것입니다. 하나님의 자녀들이 주님의 재림 때에 영광의 몸으로 변화될 때는 피조물들도 더 이상 썩어짐의 종노릇을 하지 않게 되고 영광의 자유에 이르게 되는 것입니다. 그러므로 인간뿐만 아니라 만물의 소망과 그 문제의 해결책은 바로 여기에 있는 것입니다.

쇼펜하우어라는 철학자는 자신의 기질 때문에 행복이 들어설 자리가 전혀 없는 우울한 인생관을 가지고 있었으면서도 자기중심적인 사고를 진리처럼 선언하였습니다. 그는 이 세상에서 가장 행복한 사람은 이 허무한 세상에서 오래 살지 않고 차라리 일찍 죽는 사람이라고 했습니다. 또 그보다 더 행복한 것은 아예 세상에 태어나지 않는 것이라고 했습니다. 그는 생명을 출산하는 일은 고통당할 새로운 희생자를 만들어 내는 것에 불과하므로 사악한 일이라고 주장했습니다. 그는 산다는 것은 의미가 없으므로 이 세계와 그 속에서 벌어지는 투쟁으로부터 도피하는 것이 최선이라고 했는데, 쉽게 말하면 일찍 세상을 하직하는 것이 좋다는 뜻이었습니다. 그 결과 많은 사람들이 삶을 비관하는 허무주의에 빠져서 자살까지 하곤 했습니다. 그의 주장은 결국 세상을 더욱 어둡게 만들었습니다. 그는 이렇게 남들에게는 일찍 죽는 것이 낫다고 그럴듯하게 말해 놓고 자기는 72세까지 살았다고 합니다. 그리고 그는 이발소에 가서는 결코 목덜미에 면도날을 대지 못하게 하였고, 잘 때는 권총에 탄환을 장전하여 침대 옆에 놓았다고도 합니다. 그는 생애의 말기에 자기 책이 인정을 받게 되어 경제 형편이 나아지자 자신의 비관적인 이론과는 상관없이 갑자기 명랑하게 되었다는 말도 전해지는데, 이러한 이야기들은 우리로 실소를 자아내게 합니다.

  철학자들의 새로운 이론들은 어떤 면에서는 앞서간 선배들의 사변에서 벗어남으로 학자로서 스스로 차별화되고자 하는 자기 존재 과시욕의 산물일 때가 많습니다. 그런데 이런 이론이 예술이나 문학에까지 접목될 때는 그 파급 효과가 엄청나게 커지는 것입니다. 그러므로 독자들이 계속 줄지어 쏟아져 나오는 새로운 철학 이론들의 바람에 쉽게 휩쓸려 방황하는 일은 참으로 안타까운 일인 것입니다. 거듭나지 않은 지식인, 거듭나지 않은 철학자, 거듭나지 않은 과학자, 거듭나지 않은 정치가들이 주는 영향력은 많은 경우에 세상을 밝히기보다는 오히려 고통스럽게 만들고 더욱 혼돈케 만들고 있습니다. 진정한 희망은 성령으로 거듭난 그리스도인에게 있습니다. 이들이 주님 안에서 이루어질 영광스러운 소망을 믿음으로 바라보며 매일의 삶을 차고 넘치는 충만한 마음과 인격으로 살아갈 때에 다른 사람들까지도 차고 넘치는 충만한 삶을 살 수 있게 해주는 것입니다. 이것이 곧 절망스러운 이 시대를 소망이 넘치는 시대로 변화시킬 수 있는 길입니다.

제 2 장

차고 넘치는 그리스도인의 삶

시편 92:12-15은 차고 넘치는 그리스도인의 삶의 모습이 어떤 것인가를 선명하게 보여 주는 말씀입니다. 이 말씀을 중심으로, 우리가 어떻게 할 때 세상에서 진정으로 차고 넘치는 풍성한 삶을 누리며, 또한 다른 사람들까지도 풍성한 삶을 누리도록 해줄 수 있는가에 대하여 생각해 보겠습니다.

> 의인은 종려나무같이 번성하며 레바논의 백향목 같이 발육하리로다. 여호와의 집에 심겼음이여, 우리 하나님의 궁정에서 흥왕하리로다. 늙어도 결실하며 진액이 풍족하고 빛이 청청하여 여호와

의 정직하심을 나타내리로다. 여호와는 나의 바
위시라. 그에게는 불의가 없도다.

　많은 그리스도인들이 연세가 든 분들에게 기념일 카드 등을 쓸 때 이 구절을 자주 인용하곤 합니다. 이 구절의 말씀들이 나이 든 분들에게 큰 격려가 되는 것은 틀림없습니다. 그러나 이 말씀에는 나이 든 사람에게만 아니라 모든 연령층에게 격려가 되는 내용이 있음을 묵상해 볼 수 있습니다. 그중 핵심적인 내용 네 가지를 생각해 보고자 합니다.
　첫째, "여호와의 집에 심겼음이여"(13절).
　'여호와의 집에 심겼다'는 말씀을 통해서는 우리에게 일어난 신분적인 변화의 의미를 생각할 수 있습니다. 진정한 나의 신분이 어떠한가에 대해 생각해 보아야 합니다.
　둘째, "하나님의 궁정에서 흥왕하리로다"(13절).
　여호와의 집에 심겨져 있을 뿐만 아니라 다음에는 자라고 왕성해지는 경험을 하는 것입니다. 즉 풍성한 영적 성장을 해야 함을 이 말씀을 통해서 묵상할 수 있습니다.
　셋째, "여호와의 정직하심을 나타내리로다"(15절).
　'여호와의 정직하심을 나타내는' 것에서는 곧 우리의 사역과 연관된 것들을 생각해 볼 수 있습니다. 이것은 하나님의 어떠하심을 그대로 나타내고 전파하는 것입니다. 우리의 사역은 하나님의 약속의 확실성과 그 안에서의 축복의 풍성함을 나타내는 사역이어야 합니다.

넷째, "여호와는 나의 바위시라"(15절).

이것은 하나님께서 우리 삶의 참된 안정과 소망이 되심을 나타냅니다.

이 네 가지가 우리 삶 속에 진정으로 이루어질 때 바로 우리 각자의 삶은 차고 넘치는 풍성한 삶이 될 수 있습니다. 즉, 차고 넘치는 풍성한 삶을 살려면, 먼저 여호와의 집에 심겨져야 하고, 다음에 영적으로 성장하고 풍성한 삶을 경험해야 하며, 또한 하나님을 다른 사람에게 나타내고, 하나님 안에서 참된 안정과 소망의 삶을 누려야 하는 것입니다. 차고 넘치는 삶과 연관하여 이 네 가지 내용을 좀 더 확대하여 생각해 보도록 하겠습니다.

1. 여호와의 집에 심겼음이여

심겼다는 것은 꽂아 놓은 것과는 다릅니다. 이것은 살아 있는 상태, 즉 뿌리로부터 생명수와 영양분을 끌어올려 성장해 갈 수 있는 상태에 있는 것을 의미합니다. 군 복무할 때의 일이었습니다. 한번은 높은 분이 부대를 시찰한다는 연락이 왔을 때, 부대장의 명령으로 모든 부대원들이 근처의 야산으로 가서 비슷한 키의 소나무들을 밑

둥치부터 잘라 와서 부대의 양쪽 길옆에 나란히 꽂아 두었던 적이 있었습니다. 다른 잎들은 두어 시간만 지나면 시들고 말라 버리지만, 소나무는 잎이 그렇게 빨리 시들거나 말라 떨어지지 않고 며칠은 푸른 잎으로 유지되니까, 부대장이 꾀를 내어 임시변통으로 그렇게 한 것이었습니다. 높은 분이 왔다 간 다음에 며칠 지나자 잎이 다 시들고 말라서, 결국은 그 나무들을 다시 다 뽑아 버렸습니다.

그리스도인이 이와 같은 신앙생활을 하는 경우가 있습니다. 교회에 정기적으로 출석하고 있다거나 혹은 어떤 기독교인들의 모임에 열심히 참석하고 있다고 해서 여호와의 집에 심겼다고 말할 수 있는 것이 아닙니다. 만약 누가 경건의 모양만 갖춘 형식적인 신앙생활을 하고 있다면 그것은 여호와의 집에 심겨 있기보다는 단지 꽂혀 있는 것으로 보아야 할 것입니다. 우리는 여호와의 집에 겨우 꽂혀 있는 사람이 아니라 진정으로 여호와의 집에 심겨져 있는 사람이 되어야 합니다. 그리스도로 말미암아 신분적인 변화와 차원적인 변화를 입은 사람이 되어야 합니다. 다시 말하면, 믿음으로 예수님을 마음속에 영접함으로 거듭나야 합니다. 진정한 하나님의 자녀로 태어나야 합니다(요한복음 1:12-13).

그리고 거듭난 사람은 또한 그리스도 안에서 새로운 영적 출생으로만 만족하는 상태에 머물러 있어서는 안 됩니다. 정상적이고 건강한 영적 성장이 있어야 합니다. 영적으로 성장한 사람은 죄악 된 이 세상에서 성별된 삶을 사는 사람입니다. 죄의 유혹과 도전에 굴복하여 초라한 모습으로 사는 사람이 아니라 항상 승리를 경험하며 사는 사람입니다. 그뿐만 아니라 경건의 능력으로 말미암아 다른 사람에게까지도 올바른 영향을 주는 사람입니다. 또 영적으로 성장한 사람은 항상 하나님과 동행함으로 하나님을 더욱 깊이 알아 가고 하나님과 올바른 관계를 유지하고 사는 사람입니다. 하나님과의 올바른 관계로 인하여 끝없는 하나님의 자원을 누리며 살게 되므로 항상 자신의 삶도 풍성할 뿐만 아니라 하나님이 맡겨 주신 사명을 성취하는 일에도 넉넉함을 경험하게 됩니다. 이와 같은 삶을 사는 사람이 곧 여호와의 궁정에 심겨진 나무와 같은 사람이라고 할 수 있는 것입니다.

여기서 우리가 하나님의 자녀로 거듭난 이후에 어떻게 하면 높은 수준의 성별된 삶과 하나님과의 올바른 관계를 유지하는 사람으로 성장해 나갈 수 있을까에 대해 좀 더 생각해 보기로 하겠습니다.

◆ 성별된 삶

여호와의 집에 심겨진 사람은 죄에서 떠나 성별된 삶

을 살아야 합니다. 로마서 12:9은 "사랑엔 거짓이 없나니 악을 미워하고 선에 속하라"라고 하였습니다. 이 말씀에 보면 악에 대하여 하나님이 요구하는 수준은 그것을 미워하라고 하신 것입니다. 죄악에 대하여 그저 피동적으로 피해 다닌다든가 겨우 참고 인내하는 정도가 아니라, 악을 미워하는 상태가 되어야 함을 보여 주고 있습니다. 적극적인 자세로 살라는 것입니다.

그런데 세상에서는 오히려 악한 것이 선한 것에 대해 대항하는 것이 훨씬 더 도전적입니다. 세상의 악한 세력들은 우리에게 도덕이나 윤리라고 하는 위선적인 테두리에서 벗어나야 한다고 하며 타락된 삶을 부추기고 있습니다. 자기 감정에 솔직한 것이 선이라고 주장하기도 합니다. 표현의 자유를 주장하며 아무렇게나 말하고, 어떤 글이나 거침없이 쓰고, 예술이라는 이름으로 포장하여 무슨 영화든 만들어 내는 것이 지적이고 진보적이며 수준 높은 사람의 사고와 행동이라고 생각하게 만듭니다. 이런 것이 거룩한 삶을 사는 사람들에 대한 불경건한 세력의 지식과 이론을 동원한 교묘한 도전입니다. 그들은 경건이란 것은 수도원의 벽돌담 안에나 갇혀 있어야 한다고 주장합니다.

그런데 선에 속한 사람들은 악에 대하여 도전적이지 못하고 피동적이라는 데 문제가 있습니다. 악을 미워해야 하는데, 속 터지는 마음을 겨우 참아 나가는 정도의 삶을 사는 것입니다. 경건한 삶을 살기 원하는 사람들 중에는 그 다수가 피동적으로 침묵하고 있는 반면, 그 반대쪽은 비록 소수라 할지라도 항상 도전적이기 때문에, 그 파급되는 영향은 극심한 것입니다. 그들의 큰 목소리가 이 사회의 분위기와 방향을 이끌어 가버리도록 속수무책으로 방관만 하고 있으면, 결국은 하나님의 거룩한 자녀들까지도 갈수록 타락하게 되고 말 것은 자명한 일입니다.

물론 우리는 사람은 누구나 용서하고 사랑해야 합니다. 모든 사람에 대해 관용하고 따뜻한 마음으로 화평할 줄 알아야 합니다. 하지만 그들을 통해서 생성되는 악한 사상과 철학, 부조리한 행위, 불경건한 삶을 조장하는 영상 매체나 책들의 영향은 미워해야 하는 것입니다. 그래야만 우리가 거룩하고 경건한 하나님의 자녀로서의 삶을 살 수가 있는 것입니다.

다니엘 1:8에서 우리는 다니엘이 믿음으로 살기에는 너무나 어려운 특수한 환경에서 어떻게 경건하고 성별된 삶을 지키는 데 승리할 수 있었는지를 알아볼 수 있습니다. 다니엘은 "뜻을 정하여 왕의 진미와 그의 마시는 포도주로 자기를 더럽히지 아니하리라" 하였으며, 또한 "자기를 더럽히지 않게 하기를 환관장에게" 구하였습니다. 여기에 다니엘의 두 가지 놀라운 점이 나타나 있습니다.

그는 첫째로 성별된 삶을 살겠다고 하는 면에서 자기 뜻을 선명하게 정했던 것입니다. 우리도 자기가 어떤 위치, 어떤 환경에 있든지 거룩한 삶에 대해서 뜻을 정해야 합니다. 특별히 변환기에 있는 사람들은, 예를 들면, 졸업을 한다든지 새로운 직장을 갖게 된다든지 결혼을 한다든지, 혹은 긴 여행 중이든지, 또는 자기 자신은 아니지만 자기 자녀가 어떤 변환기에 있는 경우에, 그 변환기에 잘못하면 거룩을 지키지 못하는 유혹을 받을 수가 있습니다. 이럴 때에 우리는 먼저 다니엘처럼 뜻을 정해야 합니다. 결단코 나를 더럽히는 일을 하지 않겠다고 뜻을 정해야 합니다. 반드시 해야 할 일과 절대로 하지 않을 일에 대해서 하나님 앞에서 뜻을 정해야 합니다.

다음에 다니엘은 "자기를 더럽히지 않게 하기를 환관장에게 구하니"라고 한 말씀에서처럼 자기가 어떻게 살 것인가의 결심을 남에게 공표하였습니다. 이 말씀의 기록은 다니엘이 환관장에게 구했다는 표현으로 되어 있습니다. 구했다는 것은 부탁 또는 도와 달라는 뜻이겠지만 사실 다니엘의 마음은 단순한 간청이 아니라 오히려 단호한 신앙적 결심을 공개적으로 알리려는 데 있다고 봅니다.

우리도 직장 생활을 처음 시작할 때 혹은 군에 입대하게 된 경우 선배나 상관에게 '나는 이런 사람이다'라는 것을 나타낼 줄 알아야 합니다. 또는 결혼을 하게 될 때에도 새로 형성되는 인간관계 가운데 자기가 하나님 앞에 어떤 신분이며 어떻게 살 것인가를 공개적으로 알리는 것이 있어야 합니다. 결혼을 하게 되면, 결혼한 남녀 당사자끼리의 관계만 새로 형성되는 것이 아니라, 남편은 아내로 말미암아, 또한 아내는 남편으로 말미암아 더 확대된 새로운 인간관계가 형성됩니다. 이럴 때에 뜻을 정하지 아니하면 올바른 신앙생활을 유지하기가 매우 힘들 수 있게 되며 결국 타협적인 신앙생활을 하게 될 수가 있습니다. 그러므로 어떤 환경의 변화가 있든지 뜻을 정해야 하고 그 정한 뜻을 다른 사람에게 공표해야 합니다. '나는 이렇게 살 사람입니다' 하는 것을 공개적으로 드러내는 것입니다.

물론 나의 신앙적 신분을 나타낼 때 거만하고 도전적인 태도로 해서는 안 됩니다. 공손하고도 상대방을 존중하는 태도여야 하며 양해를 구하는 태도여야 합니다. 우리가 몸담고 있는 사회 안에서 남들과 더불어 사는 일에 소극적이 아니라 적극적이어야 하며, 문제를 만드는 자가 아니라 화평케 하는 자여야 하고, 분열을 조장하는 사람이 아니라 화합을 이루는 사람이어야 합니다. 불신의 세상에서 우리가 이와 같은 삶을 살 수 있으려면 더 많은 수고와 노력 그리고 모범적인 행위와 희생적인 선행이 따라야 할 것입니다. 그러면서도 우리는 다니엘이

한 것처럼 우리의 신앙인으로서의 신분을 공개적으로 표명할 줄 알아야 합니다. 그래야만 성별되고 경건한 삶을 살 수 있기 때문입니다.

이것은 나의 삶의 유익을 위한 것만이 아니라 나와 관계된 모든 사람들도 하나님을 알고 하나님의 넘치는 축복을 받도록 도와주기 위해서입니다. 어떤 신앙으로 살 사람이라는 것을 공개적으로 알리는 것을 생활의 원칙으로 삼으면, 처음에는 인간관계가 어려운 것 같아도 나중에는 오히려 더 쉬워지며, 더 신뢰를 받고 더 사랑과 존경을 받는 인간관계가 되는 것입니다. 그의 주위 사람들은 어려울 때 그를 찾게 되고, 힘들 때 그를 의지하게 될 것입니다. "사람의 행위가 여호와를 기쁘시게 하면, 그 사람의 원수라도 그로 더불어 화목하게 하시느니라"(잠언 16:7)라는 말씀을 그대로 믿고 삶에 실천해야 합니다. 다니엘이 곧 이런 삶을 실천한 사람이었습니다. 그가 이런 믿음으로 살았을 때, 사람들에게 거부를 당한 것이 아니라, 오히려 하나님께서 도와주심으로 은혜와 긍휼을 얻게 하셨던 것입니다. 그는 경건하게 살면서도 사회생활에 성공할 수 있었습니다.

요한일서 3:3에 보면, "주를 향하여 이 소망을 가진 자마다 그의 깨끗하심과 같이 자기를 깨끗하게 하느니라"라고 하였습니다. 우리의 소망이 무엇입니까? 주님의 다시 오심과 그때 주님 안에서 누리게 될 축복들과 이루어질 약속들이 우리의 소망입니다. 이런 소망을 가질 때 우리는 스스로를 깨끗하게 합니다. 왜 그렇습니까? 그것은 우리에게 소망이 이루어질 때 거기에 가장 합당한 우리의 모습이 깨끗함이기 때문입니다. 그리스도께서 깨끗하시기 때문에 우리도 우리 자신을 깨끗하게 지켜야 되는 것입니다. 비전과 목표의 성취, 우리의 사역, 우리의 많은 활동 등, 우리가 하는 여러 의미 있고 좋은 일들이 있지만, 주님께서는 이런 모든 일들보다도 먼저 우리 자신이 깨끗하기를 바라십니다.

데살로니가전서 5:23에도 "또 너희 온 영과 혼과 몸이 우리 주 예수 그리스도 강림하실 때에 흠 없게 보전되기를 원하노라"라고 하였습니다. 여기에 "흠 없게 보전되기를 원하노라" 한 말씀 앞에 특별히 "우리 주 예수 그리스도 강림하실 때"라는 언급이 있는 것은, 주님 강림하실 때와 연관해서는 우리가 무엇보다도 온전해야 하고 깨끗해야 함을 강조하고 있는 것입니다. 몸도 깨끗해야 하고 마음도 깨끗해야 하며 우리의 정신과 사고방식도 깨끗해야 하는 것입니다. 그리스도인들에게서 중병이나 사고를 당할 때 나타내는 일반적인 첫 반응은 자기 죄를 생각하고 그 죄들을 하나님께 자백하게 되는 것입니다. 믿지 않는 사람들도 어려움을 당하면 흔히 '내가 죄를 많이 지었나 보다' 하며 자기의 죄를 생각하게 되는데, 이것은 인간이 해결해야 할 가장 우선적인 중대한 문제가 곧 죄의 문제이며 죄로부터 깨끗하게 되기를 원하는 마음이 있다는 것을 보여 주는 것입니다. 그러므로 각자가 이 땅에서 성취해야 할 어떤 과업보다도 더욱 중요한 것은 먼저 자기를 깨끗하게 유지하는 것입니다.

창세기 39:9 하반절을 통하여 우리는 요셉이 죄짓지 않고 승리할 수 있었던 것은 그가 어떤 환경에서든지 항상 하나님을 의식하고 살았기 때문인 것을 알 수 있습니다. 요셉은 "그런즉 내가 어찌 이 큰 악을 행하여 하나님께 득죄하리이까?"라고 생각하는 올바른 신앙적 개념을 가지고 살았습니다. 때때로 그리스도인들 중에서는 자기가 예상하지 않았던 환경이 자기를 연속적으로 어렵게 만들면, '이것은 내가 이렇게 하는 것이 아니라 하나님께서 이렇게 인도하신 것이니 나로서는 어쩔 수 없다'라고 생각하며 모든 책임을 하나님께 전가하는 사람이 있습니다. 이것은 그렇지 않습니다. 어떤 환경에서도 우리가 하나님을 정말로 의식하고 살면 요셉처럼 옳고 그른 것을 분명히 알게 되고 죄짓지 않고 승리할 수 있습니다. 아무도 나를 아는 눈이 없다고 생각되는 혼자 있는 환경에서도 우리는 하나님의 눈을 의식해야 합니다.

디모데후서 2:21에 보면, "그러므로 누구든지 이런 것에서 자기를 깨끗하게 하면 귀히 쓰는 그릇이 되어 거룩하고 주인의 쓰심에 합당하며 모든 선한 일에 예비함이 되리라"라고 분명히 말씀하고 있습니다. 오늘날 우리가 참석하고 있는 여러 가지 수련회들과 선교 세미나와 훈련 프로그램, 또는 신학 교육 등이 대부분 지식과 기술 및 방법들에 초점을 맞추고 거기에 치우치고 있습니다. 그러나 하나님께서는 우리에게 그런 지식과 방법을 많이 아는 유능함보다는 우리의 깨끗함에 더 관심을 기울이고 계십니다. 그러므로 여호와의 집에 심겨진 나무와 같은 모든 그리스도인은 무엇보다도 먼저 자기를 깨끗하게 해야 하는 것입니다.

◆ 하나님과의 올바른 관계

여호와의 집에 심겨진 나무와 같은 삶을 사는 우리에게 필요한 또 한 가지는 하나님과의 올바른 관계입니다. 시편 84:5 말씀에 "주께 힘을 얻고 그 마음에 시온의 대로(大路)가 있는 자는 복이 있나이다"라고 했습니다. 이 시편 기자는 마음을 하나님께로 향하고 있습니다. 그는 자기 마음에 하나님께로 나아가는 대로를 만들었습니다. 이것은 우리에게 큰 도전이 되는 말씀입니다. 많은 그리스도인들이 자기와 하나님과의 사이에 길을 내고 있기는 하지만 그 길을 꼬불꼬불하고 비좁은 골목길 정도로만 만들어 놓고 있습니다. 그러나 우리는 하나님과 통하는 길은 대로로 만들어야 하며 오히려 세상과 관계하는 길은 골목길로 만들어야 합니다. 하지만 많은 사람이 그 반대로 살고 있기 때문에 개인에게는 영적 성장이 멈춰지게 되며 기독교는 그 생명력을 잃게 되는 것입니다.

그리스도인이라고 스스로 인정하는 사람이 영화 한 편을 보기 위해서는 표를 사려고 지루하게 긴 줄을 서서 인내심 있게 기다리기도 하고, 어떤 때는 오후 것을 위해 아침부터 표를 사서 기다리기도 하는 열심을 내면서도, 하나님의 말씀을 들으러 가는 일에는 타의에 의해 마지못해 움직입니다. 성경을 보면서는 눈물 한 방울 흘리지 않으면서 영화를 보면서는 손수건을 적시고 있습니다. 이러한 것이 곧 마음에 시온의 대로가 없는 사람의 모습입니다. 하나님의 복은 이런 사람의 것이 아닙니다.

신명기 6:5 말씀은 "너는 마음을 다하고 성품을 다하고 힘을 다하여 네 하나님 여호와를 사랑하라"라고 명령하고 있습니다. 우리는 일평생 동안 날마다 이 말씀을 기억하고 묵상하며 매일 새롭게 되고자 다짐하는 것이 필요합니다. 얼마 전에 청소년들이 좋아하는 어떤 십대 댄서 그룹의 한 멤버가 공연 중 부상을 당하니까 공연을 관람하던 십대 소녀 한 명이 충격으로 자살을 했습니다. 또 그들이 노래를 부르는 중에 200여 명이나 되는 학생들이 실신하기도 하였습니다. 이런 일은 결코 바람직한 것이 아니지만, 다른 한편으로 이것은 어떻게 보면 종교보다도 더한 열정인 것 같습니다.

그런데 우리 그리스도인들은 어떻습니까? 우리는 하나님께 대하여 이 정도의 정성도 없는 것 같습니다. 십대 청소년들이 자기들의 우상처럼 여기는 대중 스타에 대하여 가지고 있는 열정만도 못한 냉랭한 마음을 가지고 있는 사람들이 바로 우리가 아닙니까? 사실 우리는 그들보다도 더 엄청난 정성과 열정을 품고 하나님을 사랑해야 합니다. 이는 하나님의 어떠하심 때문에도 그렇게 하고 또 하나님의 명령이기 때문에도 그렇게 해야 하며, 우리 자신들의 축복을 위해서도 그렇게 해야 합니다. 그래서 말씀 그대로 마음을 다하고 성품을 다하고 힘을 다하며 내 속에 있는 모든 것을 다하여 여호와 하나님을 사랑해야 마땅한 것입니다. 하나님과 나와의 관계는 바로 그런 관계가 되어야 합니다. 하나님을 그저 나의 필요를 채워 주는 자원의 공급사로만 여길 것이 아니라 하나님을 진정한 마음으로 사랑하는 관계가 되어야 합니다.

"여호와의 눈은 온 땅을 두루 감찰하사 전심으로 자기에게 향하는 자를 위하여 능력을 베푸시나니"라고 한 역대하 16:9은 많은 그리스도인들이 암송하고 주장하며 매우 좋아하는 말씀입니다. 그런데 실제로 우리 자신을 돌아볼 때 어떻습니까? 전심으로 여호와 하나님을 향하여 우리의 마음을 드리고 있습니까? 많은 그리스도인들은 "…위하여 능력을 베푸시나니"라고 한 부분에는 비상한 관심을 가지고 있으면서도, "전심으로 자기에게 향하는 자"라는 부분은 슬쩍 넘어가 버립니다.

한번은 대학 입시철이 다가올 즈음에 북한산에 등산하면서 한 무리의 사람들을 보게 되었습니다. 특이하게도 그들은 산에 올라가는데 전부 정장에 넥타이를 매고 있었고 여자들은 한복에 깨끗한 흰 고무신을 신고 있었습니다. 보통 간편한 등산복만 입고 산길을 올라가는 것도 힘든데, 그들은 정장 차림에다가 상당히 무거워 보이는 짐까지 등에 짊어지기도 하고 머리에 이기도 하고 양손에 들기도 하면서 산길을 열심히 올라가고 있었습니다. 그들은 그곳에 있는 한 사찰에 불공드리기 위해서 그렇게 열심히 무언가를 준비해 가지고 올라가는 것이었습니다.

그때 나는 그리스도인들에 대해 생각해 보게 되었습니다. 살아 계신 하나님 앞에서 사실상 이 정도의 열심도 정성도 없는 그리스도인들이 얼마나 많습니까? 우리가 하나님의 은혜 받는 것만 좋아하고 하나님께 전심으로 마음을 향하는 일에는 너무 무관심하지는 않습니까? 아침에 일어나 주님과 교제 갖는 것도 이불 속에서 게으르게 자기 편한 자세로 적당히 일과성으로 시간을 보내는 등 하나님을 전심으로 찾는 태도가 우리의 삶의 여러 영역에서 매우 심각하게 결여되어 있지는 않습니까? 주님의 십자가의 은혜가 주는 감동이 우리에게 그렇게도 덤덤한 것입니까? 우리는 각자 주님과의 올바른 관계를 갖기 위해 자신에게 어떤 변화가 있어야 될지를 진지하게 생각해 보아야 할 것입니다.

역대하 15:9에 보면, "또 유다와 베냐민의 무리를 모으고 에브라임과 므낫세와 시므온 가운데서 나와서 저희 중에 우거하는 자를 모았으니, 이는 이스라엘 사람들이 아사의 하나님 여호와께서 그와 함께하심을 보고 아사에게로 돌아오는 자가 많았음이더라"라고 한 말씀이 있습니다. 이것은 유다 왕 아사 시대의 일을 기록한 내용인데 아사에게 많은 사람이 모여들었다는 사실을 보여 주고 있습니다. 이 말씀에 보면 백성들이 아사 왕에게 나아오게 된 것은 아사 왕의 통찰력이나 지도력이나 전략이나 지혜가 뛰어나기 때문에 그의 통치 밑에 있으면 평화롭고 안정된 삶을 보장받을 수 있을 것이라 판단하여 안심하고 그에게 몰려든 것이 아니었습니다. 성경은 분명하게 "하나님 여호와께서 그와 함께하심을 보고 아사에게로 돌아오는 자가 많았음이더라"라고 기록하고 있습니다. 여호와께서 그와 함께하심을 백성들이 보았기 때문에 그에게 모여들었다는 것입니다. 어떤 그리스도인 개인이나 한 선교단체 혹은 교회에서의 선교의 성취도 다른 데 있는 것이 아닙니다. 아사에게서 보인 것처럼 주님께서 그와 함께하심이 나타날 때 이루어지는 것입니다. 바로 우리 각 사람이 주님과 함께하는 삶의 모습을 다른 사람들에게 보여 줄 수 있게 될 때 많은 사람들이 모여들게 되고 열매 풍성한 사역이 가능하게 되는 것입니다.

역대하 14:7도 아사 왕에 대한 이야기인데 유다 백성이 거할 땅과 전쟁 없는 평화를 누리게 된 이유가 바로 하나님을 찾았기 때문이라고 설명하고 있습니다. "'우리가 우리 하나님 여호와를 찾았으므로 이 땅이 아직 우리 앞에 있나니… 우리가 주를 찾았으므로 주께서 우리에게 사방의 평안을 주셨느니라' 하고." 아사가 통치 수완이 매우 뛰어난 유능한 왕이었기 때문이 아니라 여호와 하나님을 찾았기 때문에 그 땅이 여전히 그들의 소유로 남게 되었던 것입니다. 또한 후반절에 나오는 말씀대로 그들이 주님을 찾았으므로 주님께서 그들에게 사방의 평안을 주셔서 누리게 되었던 것입니다. 우리의 선교 사역 성취의 관건도 바로 우리 자신들이 여호와 하나님과 올바른 관계를 갖는 데에 있는 것입니다.

마태복음 11:28에 "수고하고 무거운 짐 진 자들아, 다 내게로 오라. 내가 너희를 쉬게 하리라"라고 하였습니다. 날마다 우리의 무거운 짐을 대신 짊어져 주시는 주님이 우리에게 계시다면 우리가 무슨 다른 생각을 할 것이 있겠습니까? 우리의 모든 짐을 그분께 가지고 나가야 하지 않겠습니까? 주님께 나아가 주님과 올바른 관계를 가지면 모든 문제가 해결되는 것입니다. 개인의 문제뿐만이 아니라 하나님 앞에서 맡은 우리의 사역의 짐까지도 잘 해결되는 것입니다. 그러나 주님과의 관계가 올바르지 않으면 주님을 만나러 가는 그 자체부터가 짐이 되는 것입니다. 기도도 짐이 되고 말씀을 읽는 것도 짐이 되고 그리스도인으로서의 모든 기본적인 삶들이 짐으로 여겨질 수 있습니다.

자기가 당면하고 있는 어떤 복잡하고 까다로운 문제들뿐만 아니라 스스로에게 축복이 되는 온갖 영적인 일들에까지도 힘든 짐으로 느껴지는 사람들은 대개 근본적으로 자기와 하나님과의 관계가 정상적이지 못하기 때문에 그런 것입니다. 그러나 그것을 빨리 깨닫지 못하고 이런 상태를 상당 기간 지속하다 보면, 결국은 자기가 함께하는 교회나 어떤 선교 기관을 비판한다든지, 또는 자기를 돕는 영적 지도자나 다른 형제 자매들을 원망하는 일에까지 이르게 됩니다. 경건의 삶에 도움을 주기 위해 권면하는 모든 영적인 일들에 대하여도 왜 무거운 짐을 많이 지워 주느냐고 불평하게 됩니다.

만약 우리가 Quiet Time(경건의 시간)을 가지는 것, 성경을 읽는 것, 말씀을 암송하는 것, 기도하는 것 등이 즐거움이 되지 못하고 오히려 짐으로 느껴진다면 무엇보다도 자기가 지금 하나님과의 관계가 매우 비정상적인 상태라는 것을 진단해야 합니다. 그러나 대개 이럴 때는 이미 올바른 자가 진단 능력을 상실하게 되기 때문에 그릇된 판단을 하기가 쉽습니다. 또 이런 영적 상태에서는 자기를 도와주고자 하는 사람들을 오히려 귀찮게 여길 뿐만 아니라 쓴 뿌리까지 내리게 되는 것입니다. 그런데 이런 잘못된 판단은 그것으로 그치는 것이 아닙니다. 더 심각한 다음 단계는 결국 하나님이 잘못되었다고까지 생각하게 되는 것입니다.

그러므로 이런 최악의 상태까지 진행되기 전에 우리는 무엇보다도 자신이 하나님과의 올바른 관계를 유지하고 있는가를 늘 살펴보아야 합니다. 여호와의 집에 올바로 심겨진 사람은 하나님과 올바른 관계 가운데 있는 사람입니다. 그러한 사람은 죄에서 떠난 거룩한 삶을 살며, 하나님과의 깊이 있는 교제를 즐기는 삶을 삽니다. 또한 이로 말미암아 능력이 넘치고 기쁨과 감사가 넘치는 풍성한 영적 삶을 누리게 됩니다.

성경에는 하나님의 집에 심겨진 나무와 같은 삶을 살았던 사람들이 많이 나옵니다. 요셉의 경우 창세기 39:2 말씀에 보면 "여호와께서 요셉과 함께하심으로 그가 형통한 자가" 된 것을 말씀하고 있습니다. 그는 하나님과의 관계를 가장 중요하게 여긴 사람이었습니다. 그는 항상 여호와의 집에 심겨진 나무와 같이 영속적으로 번성하는 상태를 유지했습니다.

　야곱은 어떠했습니까? 창세기 32:25-26에서 그가 간절히 바란 것이 무엇인지를 보게 됩니다. 그는 하나님의 사자와 씨름하면서 "내게 축복하지 아니하면 가게 하지 아니하겠나이다"라고 절박하게 매달렸습니다. 이는 야곱이 곧 하나님의 축복을 가장 가치 있게 여기는 믿음을 가졌던 것을 보여 주는 것입니다. 뼈가 위골되었는데도 끝까지 놓아주지 않고 자기를 축복해 달라고 간절히 매달렸습니다. 야곱은 하나님의 축복보다 더 가치 있는 것은 이 세상에 없다는 것을 알았기 때문에 형한테서도 하나님의 축복인 장자의 명분을 쟁취하였습니다. 하나님의 축복을 가장 좋아한다는 것은, 바꿔 말하면 하나님을 가장 좋아한다는 것입니다. 하나님을 가장 좋아하는 사람을 하나님께서 축복하시지 않을 수 없는 것입니다. 그렇기 때문에 하나님께서는 에서보다는 하나님의 축복의 가치에 대한 올바른 믿음을 가진 야곱을 사랑하시고 그를 축복하신 것입니다. 이러한 믿음을 가진 사람만이 하나님의 뜻과 약속을 성취하는 일에 사용될 수 있는 사람이 되는 것입니다.

　모세는 어떻습니까? 출애굽기 33:11에 보면 그는 하나님과 대면하여 교제 가질 때 친구끼리 이야기하는 것처럼 친밀한 교제를 가졌다고 했습니다. 그렇기 때문에 모세는 아마도 인류 역사상 가장 힘든 것으로 보이는 일을 해낼 수 있었습니다. 모세 자신의 스스로 열등하다고 생각되는 언변의 설득력과 정치적 수완으로는 전혀 해결이 불가능한 상황에서 하나님의 도우심으로 백성들을 노예에서 해방시키고, 그 완악한 이스라엘 백성들을 이끌고 드디어 애굽에서부터 출발하여 광야를 거쳐가는 일을 감당할 수 있었던 것입니다. 그는 한 인간으로서 부족한 점도 많았으며 마음에 두려움과 갈등도 많았지만, 하나님을 대면하여 하나님을 기쁘시게 하는 깊은 교제를 가지면서 하나님의 뜻을 이해하고 전능하신 하나님이 과연 어떠하신 분인가를 깊이 체험하였기에, 오직 하나님만 믿고 바로에게 나아가 그 백성들을 드디어 이끌어 낼 수 있었던 것입니다.

또 다윗은 어떠했습니까? "내가 여호와께 청하였던 한 가지 일 곧 그것을 구하리니, 곧 나로 내 생전에 여호와의 집에 거하여 여호와의 아름다움을 앙망하며 그 전에서 사모하게 하실 것이라"라고 한 시편 27:4 말씀에서 하나님과의 교제를 사모한 다윗의 마음이 잘 나타나 있습니다. 그는 모든 것에서 은퇴하여 할 일이 없는 노인으로서 이런 말을 한 것이 아니었습니다. 당시에 그는 아주 막중한 책임을 지고 있는 한 나라의 왕으로서 매일같이 산적해 있는 복잡한 일들을 처리하고 결정해야 하는 매우 바쁜 왕이었는데도 불구하고, 여호와의 아름다움을 앙망하고 여호와를 사모하는 데에 자기 삶의 첫

번째 우선순위를 두었습니다.

  이외에도 성경에는 이처럼 놀랍게 하나님과 동행하는 삶을 산 사람들이 많이 있습니다. 성경에서뿐만 아니라 지금 우리 주위에서나 기독교 역사상에서도 이런 삶을 사는 사람들을 많이 찾아볼 수 있습니다. 이런 삶을 사는 사람의 결국은 하나님의 집에 심겨진 나무와 같이 늘 열매를 풍성하게 맺게 되는 경험을 하게 되는 것입니다.

2. 여호와의 궁정에서 흥왕하리로다

"여호와의 궁정에서 흥왕하리로다"라는 말씀에서는 영적 성장의 의미를 생각해 볼 수 있습니다. 한 그루의 나무가 궁정에 심겨진 이후 그곳에서 흥왕하는 풍성한 나무가 되려면 먼저 정상적으로 건강하게 성장하는 것이 필요합니다. 이와 같이 우리도 여호와의 궁정에 심겨진 나무와 같은 사람으로서 영적으로 흥왕하는 사람이 되기 위해서는 주님 안에서 올바른 성장을 해야 합니다. 이를 위해서는 하나님을 깊이 아는 믿음의 성장과 인격의 성장 및 생활에 적용하고 실천하는 순종에의 성장이 균형 있게 이루어져야 합니다. 그러나 이 점에 대해서는 이미 앞에서 어느 정도 언급한 내용이 있기 때문에 여기에서는 특별히 주님을 섬기는 사역에 있어서의 기능과 역할 및 은사에서의 성장에 대해 다루고자 합니다.

주님을 섬기는 일꾼으로서 특성 있게 자기에게 맞는 능력 또는 은사를 계발하지 않는 사람은 노년에 가서 갈등하게 됩니다. 물론 모든 그리스도인은 주님 안에서 공통적으로 해야 하는 기본적인 역할과 기능들이 있습니다. 예를 들면, 이 사회의 빛과 소금으로서의 영향력을 나타내며 사는 것, 전도하는 것, 전도한 사람들을 양육하여 그리스도의 제자를 삼는 것, 또는 성도들과 진실한 사랑 안에서 서로의 필요를 도와주고 섬기는 삶을 사는 것 등은, 그것이 어떤 개인에게는 특정한 은사로 나타나는 것은 아닐지라도, 모든 그리스도인들이 주님 안에서 누구나 기본적으로 해야 할 보편적인 계발 내용입니다. 그러나 이와 같이 공통적인 것에 그치는 것이 아니라, 각 그리스도인은 주님을 섬기는 일꾼으로서 개인의 은사나 독특한 기능 또는 역할에 맞는 능력을 발견하고 계발해야 합니다.

에베소서 4:11-12에 보면 그리스도의 몸 된 교회에 주신 몇 가지 은사들을 언급하면서 그 은사를 주신 목적에 대하여 설명하고 있습니다.

> 그가 혹은 사도로 혹은 선지자로 혹은 복음 전하는 자로 혹은 목사와 교사로 주셨으니, 이는 성도를 온전케 하며 봉사의 일을 하게 하며 그리스도의 몸을 세우려 하심이라.

이 말씀 중 12절에서 은사의 목적 중 하나는 '성도를 온전케 하는 것'에 있다고 말씀하고 있습니다. 성도를 온전케 하는 것은 그리스도인으로 하여금 주님의 쓰심에 합당하게 갖추어진 상태가 되게 해주는 것을 의미합니다. 온전하다는 것은 완전하거나 완벽한 사람이 되는 것과는 다른 의미로서 주님께 쓰임받을 수 있도록 준비된 상태를 뜻하는 것입니다. 이렇게 다른 사람을 온전하게 되도록 도와주기 위한 것이 은사를 주신 목적입니다.

또 하나의 은사의 목적은 '봉사의 일을 하게 하는 것'이라고 말씀하고 있습니다. 이것은 몸 된 교회 안에서의 여러 영역의 사역을 실제로 효과적으로 할 수 있도록 해주는 은사를 말하는 것입니다.

세 번째로 말씀하고 있는, 은사를 주신 목적은 '그리스도의 몸을 세우는 것'이라고 했습니다. 즉 그리스도의 몸 된 교회를 견고하게 완성시켜 나가기 위해서 이런 은사를 주신 것입니다. 이것은 모든 은사를 주신 궁극적인 목적입니다. 하나님께서는 이러한 목적을 위해서 은사를 주셨기 때문에 이 목적에 합당하게 우리 각자는 자기가 받은 은사를 알고 계발해 나가야 합니다.

그런데 어떤 그리스도인은 자기의 은사가 지금은 무엇인지 분명하게 모를 수도 있습니다. 하지만 자신의 은사가 구체적으로 무엇인지 모르더라도 그리스도인으로서 주님 안에서 공통적으로 해야 할 일들을 열심히 하다 보면 자기 은사가 무엇인지 알게 될 수 있습니다. 예를 들면 모든 어린아이가 다 같이 두 손을 가지고 태어나지만, 각자의 손이 앞으로 무엇에 전문적으로 사용될지는 어릴 때는 잘 알 수가 없습니다. 그러므로 어렸을 때는 기초적이며 일반적인 모든 기능을 다 사용하도록 도와주어 그림도 그리게 하고, 무언가 만들게도 하고, 운동도 하게 하고, 이런저런 일들을 스스로 하도록 도와주다 보면, 그 아이가 커가면서 언젠가 그 손의 특징적인 면들이 나타나게 되는 것입니다. 부모가 생각하기에 피아노 치는 것이 좋다고 하여 일방적으로 피아노만 연습하도록 해서는 안 될 것입니다.

 이처럼 각 그리스도인의 은사에 대하여도 성급한 결론은 금물이며, 오히려 특정한 은사를 계발하고자 애쓰기에 앞서 일반적 역할에 우선 충실하도록 하는 것이 중요합니다. 그리스도인들이 먼저 기본적이며 공통된 기능과 역할을 열심히 해나갈 때 건강하고 균형 잡힌 영적 성장을 하게 되며, 이런 과정에서 각 그리스도인은 성경에 언급된 은사에 해당하는 것을 발견하기도 하고, 혹은 그런 것은 아니더라도 적어도 각자가 가진 특징적인 기능과 역할을 수행할 수 있는 능력들을 발견하게 될 수가 있습니다. 그래서 먼저는 기본적이고 공통적인 역할에의 성장이 있어야 하고, 다음에는 하나님께서 특별하게 사용하시기 위해서 각자에게 주신 그런 특징적인 은사를 발견하고, 또한 그것을 더욱 깊이 있게 계발해 나가는 것이 필요한 것입니다.

교회 안에서 성숙한 그리스도인들이 서로의 은사 사용을 조화 있게 활성화하지 못하면, 교회는 유기체적인 교회가 되지 못하고, 결국은 조직과 제도만으로 이끌어 가기가 쉽습니다. 이렇게 되면 결국 분쟁과 무기력함이 뒤따르게 되는 불행을 당하게 됩니다. 그러므로 우리는 은사를 알아야 하고 계발해야 하며, 또한 서로의 은사를 필요로 하고 존중하며 조화 있게 사용함으로 덕을 세울 때, 그리스도의 몸은 열매가 풍성하게 되며 그리스도의 영광이 온 세상에 드러나게 될 것입니다.

이를 위해 각 그리스도인이 자기의 은사가 무엇인지를 알아야 하고, 또한 성령 안에서 성실하게 이를 계발해 나가야 합니다. 우리가 자기 계발에 큰 발전이 있을 때 무엇보다 먼저 우리 자신이 그리스도 안에서 충만한 사람으로 성장하게 됩니다. 사도 바울은 에베소서 3:19에서 "하나님의 모든 충만하신 것으로 너희에게 충만하게 하시기를 구하노라"라고 에베소 교인들을 위해서 간절한 마음으로 기도하였습니다. 그런데 그 충만의 수준은 곧 하나님의 모든 충만한 것으로 충만해지는 것이었습니다. 어떤 훌륭한 사람의 충만한 모습과 상태를 보고 그 사람의 수준만큼 충만해지기를 구한 것이 아니라 하나님의 충만의 수준으로 충만해지기를 구했던 것입니다. 우리가 다른 사람을 하나님께 쓰임받기에 온전한 사람이 되도록 도와줄 수 있는 능력을 넉넉하게 갖춘 사람으로 성장하기 위해서는 우리 자신이 먼저 하나님의 충만한 것으로 충만해지도록 기도해야 하며 또한 이를 위한 자기 계발에 힘써야 합니다.

예수님께서는 요한복음 10:10에서 자신이 이 세상에 오신 목적에 대해 말씀하셨습니다. "내가 온 것은 양으로 생명을 얻게 하고 더 풍성히 얻게 하려는 것이라." 이 말씀에서처럼 예수님의 목적은 우리가 단지 새 생명을 얻는 것으로 그치는 것이 아니라 더욱 풍성한 생명을 누리도록 하시려는 데 있습니다. 우리 각 사람이 풍성해질 때 결국 우리로 말미암아 다른 사람도 풍성해질 수 있습니다. 이것이 곧 차고 넘치는 삶입니다. 차고 넘치는 삶에서 '차는' 것은 자신의 내적인 풍성함의 상태이며 '넘치는' 것은 다른 사람에게 영향을 주는 것을 의미합니다. 그러므로 그리스도인의 삶은 차는 것만으로 만족해서는 안 됩니다. 자신에게 가득 찬 다음에는 그것이 넘쳐서 다른 사람들에게도 유익을 끼치며 좋은 영향을 줄 수 있어야 합니다. 나의 넘쳐 나는 것으로 다른 사람에게 채워 줄 수 있는 사람이 되기 위해서는 주님 안에서 지속적이고도 성실한 마음으로 자기 계발을 해나가야 합니다.

우리가 이와 같이 하여 영적으로 성장하게 될 때 하

나님 안에서 흥왕하게 된 나무와 같이 그 진액이 풍족하고 빛이 청청함으로 결국 여호와의 정직하심을 나타내는 삶을 살 수 있게 되는 것입니다. 여호와의 어떠하심을 다른 사람들에게 효과적으로 선포하는 사역을 감당할 수 있게 되는 것입니다.

3. 여호와의 정직하심을 나타내리로다

하나님의 정직하심을 나타내는 것은 곧 하나님의 속성이 신실하심이라는 것을 선포하는 것입니다. 우리는 하나님의 신뢰성을 많은 영역에서 확인할 수 있지만, 무엇보다도 하나님께서는 약속하신 것은 반드시 성취하시는 분이시라는 것을 통해서 그 신뢰성을 확신할 수 있습니다. 그러므로 하나님의 정직하심을 선포하는 삶이란, 우리가 하나님의 약속 성취를 성경 말씀을 통해서 또는 우리의 삶에서 실제로 경험함으로 말미암아 하나님은 반드시 그 약속하신 것을 지키시는 정직하신 분이라는 것을 알고 또 다른 사람에게도 그것을 자연스럽게 나타내고 전파하는 삶을 의미하는 것입니다. 하나님의 정직하심을 선포하는 일은 우리의 인간적인 열심과 노력으로 우리의 목표와 계획을 세워 이끌어 가는 종교적 활동들로 이루어지는 것은 아닙니다.

◆ 하나님의 약속의 확실성

가라사대, "여호와께서 이르시기를, '내가 나를 가리켜 맹세하노니, 네가 이같이 행하여 네 아들 네 독자를 아끼지 아니하였은즉, 내가 네게 큰 복을 주고 네 씨로 크게 성하여 하늘의 별과 같고 바닷가의 모래와 같게 하리니, 네 씨가 그 대적의 문을 얻으리라. 또 네 씨로 말미암아 천하 만민이 복을 얻으리니, 이는 네가 나의 말을 준행하였음이니라' 하셨다" 하니라. (창세기 22:16-18)

첫째, 16절에 보면 "나를 가리켜 맹세하노니"라고 한 말씀이 있습니다. 이처럼 여기에 나타난 하나님의 약속은 단순한 약속으로만 끝난 것이 아니라 맹세로 된 약속입니다. 맹세로 된 약속이란 어떤 약속이며 보통의 약속과 어떤 차이가 있는 것입니까?

히브리서 6:13에 보면 하나님께서는 맹세할 자가 자기보다 더 큰 이가 없으므로 자기를 가리켜 맹세하였다고 하였습니다. 사람들이 어떤 약속을 할 때 그 약속이 더욱 확실하다는 것을 보여 주려고 하면 자기보다 나은 어떤 권위 있는 사람의 이름을 걸어 맹세하곤 합니다. 자기 아버지의 이름으로 맹세하기도 하고 유력한 친지의 이름을 걸고 맹세하는 사람도 있습니다. 어찌어찌하면 성을 갈겠다고 맹세를 하면서 약속하는 경우도 있습니다. 그리고 더 나아가서는 하나님 이름을 걸고 맹세한다고 하기도 합니다. 그런데 하나님의 경우는 하나님 자신보다 더 권위 있고 신뢰할 만한 높은 자가 없기 때문에 자기를 가리켜 맹세한다고 하셨던 것입니다. 이렇게 하나님께서는 약속을 주실 때 최고의 권위인 자기를 친히 가리키며 맹세하심으로 말미암아 하나님의 약속은 너무나 분명하고도 신뢰할 수 있는 것임을 보여 주신 것입니다.

히브리서 6:16에서 "사람들은 자기보다 더 큰 자를 가리켜 맹세하나니, 맹세는 저희 모든 다투는 일에 최후 확정이니라"라고 하신 말씀이 있습니다. 이 말씀의 후반부에 "맹세는 저희 모든 다투는 일에 최후 확정이니라"라고 한 것에 주목할 필요가 있습니다. 다투는 일이란 무엇입니까? 그것은 이것저것 따져 보고 입씨름하면서 흥정하여 최종적으로 계약하는 일과 같은 것입니다.

우리가 집을 팔고 사는 계약 혹은 전세 계약을 할 때 어떻게 합니까? 이 세상에는 속고 속이는 일들이 많아 서로를 잘 믿지 못하니까 부동산 거래 한 가지를 하려 해도 너무나 신경이 많이 쓰입니다. 계약하기 전에 등기를 열람하여 물건의 확실성과 저당 잡힌 것이 있는지 여부를 확인하고, 또 계약 당사자가 확실히 건물 주인인지도 확인하고, 계약하는 쌍방의 도장을 찍고, 또 그것도 부족하여 더 확실한 보증을 위해 부동산 중개인의 도장도 찍고 하는 등으로 아주 복잡합니다. 이처럼 여러 단계의 조심스러운 확인들을 하고도 때로 사기를 당할 때가 있어 안심이 안 되는 것이 요즈음 세상입니다.

 사람들이 이렇게 계약을 하기 위해 여러 가지를 확인해 보고 따지기도 하며 설득도 하고 서로 논쟁도 하며 흥정을 하는 이런 모든 과정이 곧 다투는 일이며, 그 이후 최종적인 결정을 하고 마지막에 도장을 찍어 계약을 하는 것은 최후 확정인 것입니다. 그런데 하나님께서는 약속을 주실 때 마지막 단계에서 맹세함으로 보증을 하셨습니다. 바로 최고의 권위인 하나님 자신의 이름으로 맹세하셨기 때문에 그 맹세로 된 약속은 모든 것에 대한 최후 확정이며 가장 확실한 보증이 되는 것입니다. 그러므로 하나님께서 우리에게 주신 약속은 반드시 이루어진다는 믿음을 우리는 분명히 가질 수가 있는 것입니다.

 또 뒤이어 17절에서도 "그 뜻이 변치 아니함을 충분히 나타내시려고 그 일에 맹세로 보증하셨나니"라고 거듭하여 맹세로 한 보증에 대하여 강조하고 있습니다. 비슷한 표현 같지만 연거푸 이렇게 강조하시고 친절히 설명해 주신 것은 하나님께서 어떠한 맹세로 우리에게 약속해 주셨는가를 우리로 확실히 믿을 수 있도록 해주기 위해서 그렇게 하신 것입니다. 이 얼마나 놀라운, 긍휼이 풍성하신 하나님의 사랑입니까? 우리에 대한 하나님의 자상하심이 얼마나 극진합니까?

아브라함은 오늘날 우리들 중 누구보다도 더 하나님의 약속을 믿기에 어려운 환경에 처해 있었습니다. 아브라함은 하나님의 약속을 받을 당시 자기와 마찬가지로 이미 자기 아내도 매우 늙었기 때문에 상식적으로 생각해 볼 때 그들이 자식을 낳는다는 것은 불가능하였습니다. 하나님께서는 이런 믿기 어려운 상황에서 아브라함으로 하여금 믿게 하기 위하여 이처럼 진지하게 맹세로서 약속해 주셨던 것입니다. 이를 인하여 우리는 아브라함에 대한 하나님의 자상하심과 사려 깊은 배려가 얼마나 큰가를 깨닫게 됩니다. 하나님의 극진하신 도움 때문에 결국 아브라함은 믿을 수 있게 되었으며 그러한 아브라함의 믿음 때문에 오늘날 우리도 이와 같은 하나님의 약속의 성취를 경험하는 축복의 대열에 서게 된 것입니다.

왜냐하면 이 약속은 아브라함에게만 해당되는 약속으로 주신 것이 아니라 하나님을 믿는 우리 모두에게 주신 약속이기 때문입니다. 아브라함이 그 약속을 믿었을 때에 그것은 아브라함의 것으로만 그치지 않았습니다. 아브라함의 아들 이삭이 그와 같은 믿음을 가졌을 때에 그 약속은 이삭의 것이 되었으며, 또 이삭의 아들 야곱도 같은 믿음을 가졌기 때문에 그 약속이 야곱 자신의 것이 되었습니다. 이와 같이 하나님께서 아브라함에게 주신 약속은 그리스도 안에서 같은 믿음을 가진 우리에게도 주신 약속인 것입니다. "그런즉 믿음으로 말미암은 자들은 아브라함의 아들인 줄 알지어다. 또 하나님이 이방을 믿음으로 말미암아 의로 정하실 것을 성경이 미리 알고 먼저 아브라함에게 복음을 전하되, 모든 이방이 너를 인하여 복을 받으리라 하였으니, 그러므로 믿음으로 말미암은 자는 믿음이 있는 아브라함과 함께 복을 받느니라"(갈라디아서 3:7-9). "너희가 그리스도께 속한 자면 곧 아브라함의 자손이요 약속대로 유업을 이을 자니라"(갈라디아서 3:29). "형제들아, 너희는 이삭과 같이 약속의 자녀라"(갈라디아서 4:28).

 이 약속은 그리스도 안에서 성취되며 또한 그리스도 안에서 우리를 통하여 앞으로도 계속 이루어질 약속입니다. 우리는 모두 이 축복된 약속이 우리 개인에게 주신 것으로 믿어야 하며, 이 약속이 우리 생애를 통해서 이 세대에도 이루어질 것을 믿고 나아가야 합니다. 우리는 각자 자기의 생애를 이 약속 성취를 위해서 하나님께 드려야 합니다.

 그런데 이러한 약속에 대한 믿음은 어떤 외침이나 혹은 감정적 흥분에 의하여 얻어지는 것이 아닙니다. 어떤 분위기나 구호에 의해서 생기는 것도 아닙니다. 다만 하나님께서 맹세로 해주신 약속이기 때문에 우리는 이 약속을 믿을 수 있는 것입니다. 우리는 믿음으로 이 약속을 나의 것으로 삼고 나의 삶을 통해서 약속을 성취하는 경험을 누려야겠습니다.

◆ 그리스도 안의 축복의 풍성함

앞에서 나온 창세기 22장 말씀 중 17절에 보면 "큰 복을 주고"라고 한 구절이 있습니다. 하나님께서는 아브라함에게 큰 복을 주신다고 약속하셨는데, 이 약속 역시 우리에게도 동일하게 해당되는 약속입니다. 이 약속대로 우리는 이미 가장 큰 복은 받았습니다. 그것은 바로 예수 그리스도입니다. 아브라함은 앞으로 오실 그리스도를 내다보면서 그것을 복으로 누렸는데, 우리는 이미 내 마음에 그리스도를 모시는 복을 누리게 된 것입니다. 그리스도를 모셨다고 하는 것은 그리스도 안에 있는 모든 것이 나의 것이 된 것을 의미합니다.

예를 들어, 우리가 가지고 다니는 지갑을 보면 그 안에는 여러 가지 것들이 들어 있습니다. 신분증명서, 각종 카드, 돈 등 여러 가지 소중한 것들이 들어 있을 것입니다. 핸드백이 있다면 그 안에는 지갑을 비롯하여 수첩, 필기도구, 중요한 서류, 또는 보석 등 여러 가지 귀중품들이 들어 있습니다. 그 지갑이나 핸드백을 누구에게 건네준다면 그 사람이 받은 것은 단순히 외적으로는 지갑이나 핸드백이지만 그 안에 있는 것들도 한꺼번에 받은 것입니다.

이와 같이 예수 그리스도를 마음에 영접했다는 것은 단순히 예수님을 모신 것에만 그치는 것이 아니라 예수님 안에 있는 그 귀한 모든 것을 함께 갖게 된 것을 의미하는 것입니다. 그리스도 안에 있는 모든 보배로운 약속들이 다 나의 것이 된 것은 내가 그리스도를 내 안에 모셔 들였기 때문입니다. 구원과 영생, 하나님의 자녀 됨과 능력, 지혜, 그리고 앞으로 이루어질 약속과 소망 등 이 모든 복들이 그리스도 안에서 다 나의 것이 된 것입니다.

골로새서 2:10에 보면 "너희도 그 안에서 충만하여졌으니"라고 말씀하고 있습니다. 우리가 이렇게 충만하여진 것은 오직 예수 그리스도를 우리 마음에 모셨기 때문에 그렇게 된 것입니다. 빈 쭉정이같이 아무것도 없던 내가, 죄인이었던 내가, 정말로 허무한 데 굴복할 수밖에 없었던 내가 그리스도를 내 마음에 영접함으로 말미암아 그리스도 안에 있는 모든 보배로운 것들이 다 나의 것이 되었고, 이제는 내가 주님 안에서 충만해진 것입니다. 그 충만하게 된 사실을 우리가 깊이 묵상하면 할수록 우리의 실제 삶이 더욱 충만해지고 감정적으로까지도 충만해지는 것입니다.

영적 활력이라는 것은 성경에 대한 어떤 지식이나 여러 가지 사역의 방법들, 또는 많은 노트에 기록해 모아 놓은 방대한 분량의 지식적이고 기술적인 내용들을 알고 있다거나, 또는 다른 많은 자료들을 수집해 놓고 있다고 해서 얻어지는 것이 아닙니다. 영적 활력은 우리가 우리 안에 모신 그리스도를 더욱 깊이 알아 가고, 또한 그분과 긴밀히 동행함으로 말미암아 그분의 충만하심을 경험하게 될 때에 얻어지는 것입니다. 또한 우리가 주님 안에서 이 같은 충만함을 누리게 될 때, 너무도 당연하고도 자연스럽게 그리스도의 지상사명을 성취하기 위한 사역에 드려지게 되고 열매 맺는 삶을 경험하게 되는 것입니다.

◆ 왕성한 영적 배가의 약속

창세기 22:17에 보면 "네 씨로 크게 성하여…"라고 한 말씀이 있습니다. 여기 나오는 '성하다'라는 말은 번성하는 것 즉 풍성하게 배가하는 것을 의미합니다. 우리는 '우리의 씨가 크게 배가되어 퍼져 나가는' 약속을 받은 것입니다. 특별히 성경에 씨로 표현된 것이 많이 나오는데 그 이유가 무엇이겠습니까? 씨라는 것은 신비로운 것입니다. 씨는 대개 겉보기에는 작고 보잘것없어 보이며 마치 죽어 있는 것같이 보이기도 하지만 결코 죽은 것이 아닙니다. 엄연히 그 안에는 생명이 있어 살아 있는 것입니다.

그리고 그 씨는 그 한 개로 그치는 것이 아닙니다. 배고픈 어린아이에게 밤 한 톨을 주면 그 밤은 오직 한 개에 불과합니다. 그 한 개를 까서 먹고 나면 없어지므로 그 시야로 볼 때는 하나일 뿐입니다. 그러나 농부의 시야로 볼 때는 밤 한 톨은 하나가 아닙니다. 농부가 씨를 심는 이유는 여기에 있습니다. 농부는 "네 씨로 크게 성하여"라고 한 말씀의 약속과 같이 그 밤 한 개를 심으면 그것이 크게 배가되어 나간다는 사실을 믿기 때문에 심는 것입니다. 하나 심어서 하나밖에 안 나온다면 어느 농부도 그런 헛된 수고는 하지 않을 것입니다. 밤 한 톨을 심어서 수많은 밤을 거둘 것을 내다보기 때문에 심는 것입니다. 그리스도 안에서 우리가 받은 '네 씨로 크게 성하게 하겠다는 약속'도 바로 이와 같은 것입니다.

그러므로 우리는 하나님께서 우리 각자에게 주신, "네 씨로 크게 성하여 하늘의 별과 같고 바닷가의 모래와 같게 하리니"라는 하나님의 약속을 주장하면서, 나의 생애를 통해서 이 같은 일이 일어나도록 하나님 앞에 기도해야 하며, 이 약속과 연관된 일에 충성되이 자신을 드려야 합니다.

◆ 선교사 파송

17절 하반절에 보면 "네 씨가 그 대적의 문을 얻으리라"라고 약속하고 있습니다. 우리가 하나님의 약속을 따라 사역을 할 때는 우리의 생활권 안에서만 단순히 배가되어 나가는 것으로 그치는 것이 아니라 결국 다른 나라와 다른 민족을 복음화하는 사역에까지 이르러야 합니다. 세상은 언어, 종족, 문화, 종교, 이념 등으로 구분된 집단들이 각각 자기들의 경계선을 그어 놓고 높은 성을 쌓아 들어오지 못하도록 가로막고 있습니다. 성경 말씀은 이러한 곳에 용기 있게 들어가 생명의 복음을 전해 줌으로 그들을 죄에서 떠나 구원받게 하고 하나님의 축복과 은혜로 살도록 도와줄 것을 명하고 있으며, 이것을 마치 대적의 문을 얻는 일 즉 영적 정복자가 되는 것으로 표현하고 있는 것입니다. 우리의 사역은 이러한 일을 감당할 수많은 선교사들을 많은 나라에 파송하는 데에까지 '크게 성하여져야' 합니다.

이 21세기에 한국의 그리스도인들이 성취해야 할 과제는 무엇입니까? 바로 선교사들을 세계 각 곳에 파송하는 일입니다. "또 네 씨로 말미암아 천하 만민이 복을 얻으리라"라고 한 18절의 말씀과 같이 세계 모든 민족의 복을 위하여 우리는 세계 선교에 더욱 힘써야겠습니다. 우리는 선교의 우선순위에서 2차적인 것 혹은 3차적인 것에 오히려 더 많은 재정과 수고와 관심을 기울이지 말아야 합니다. 우리는 좀 더 순수하고도 지혜롭게 우선순위에 맞는 사역으로 돌아가야 합니다.

4. 여호와는 나의 바위시라

시편 92:15에 "여호와는 나의 바위시라"라고 말씀하고 있습니다. 이 말씀의 내용은 하나님께서 바로 바위처럼 우리가 숨을 수 있는 피난처가 되어 주시고 이 세상에서 우리가 당하는 모든 육체적, 정신적 고난과 위험 그리고 핍박과 도전으로부터 우리를 지켜 주시는 보호처가 되어 주심을 의미하고 있습니다. 그러나 이 바위는 이 세상에서의 보호뿐만 아니라 영원하고 완전한 피난처가 되심을 의미하는 주님의 재림을 또한 생각하게 합니다. 바위처럼 견고한 안정을 주님의 재림 때 누릴 수 있는 것입니다. 이것이 우리의 소망인 것입니다.

요한복음 14:1-3에서 예수님께서는 다음과 같이 분명하게 약속하셨습니다.

> 너희는 마음에 근심하지 말라. 하나님을 믿으니 또 나를 믿으라. 내 아버지 집에 거할 곳이 많도다. 그렇지 않으면 너희에게 일렀으리라. 내가 너희를 위하여 처소를 예비하러 가노니, 가서 너희

> 를 위하여 처소를 예비하면, 내가 다시 와서 너희
> 를 내게로 영접하여 나 있는 곳에 너희도 있게 하
> 리라.

이것은 우리에게 얼마나 큰 안정과 피난처와 소망이 되는 말씀입니까? 도마는 처음에 이 말씀을 들을 때 무슨 뜻인지 이해하지 못했습니다. 그런데도 우리는 이 말씀을 이해할 뿐만 아니라 믿게 되었으니, 이 얼마나 큰 축복입니까?

또 사도행전 1:10-11은 다음과 같이 기록하고 있습니다.

> 올라가실 때에 제자들이 자세히 하늘을 쳐다보고
> 있는데, 흰옷 입은 두 사람이 저희 곁에 서서 가
> 로되, "갈릴리 사람들아, 어찌하여 서서 하늘을
> 쳐다보느냐? 너희 가운데서 하늘로 올리우신 이
> 예수는 하늘로 가심을 본 그대로 오시리라" 하였
> 느니라.

이 말씀에서 보는 바와 같이 예수님께서 승천하실 때에 제자들은 하늘을 자세히 쳐다보고 있었습니다. 바로 그때에 그들에게 하나님께서 들려주신 말씀은 "갈릴리 사람들아, 어찌하여 서서 하늘을 쳐다보느냐? 너희 가운데서 하늘로 올리우신 이 예수는 하늘로 가심을 본 그대로 오시리라"라고 하신 것입니다. 예수님께서 다시 오심을 분명하게 약속해 주신 것입니다. 요한계시록 1:7에도 "볼지어다, 구름을 타고 오시리라. 각인의 눈이 그를 보겠고 그를 찌른 자들도 볼 터이요, 땅에 있는 모든 족속이 그를 인하여 애곡하리니"라고 말씀하고 있습니다. 이 말씀은 결코 어떤 상징적인 의미가 아닙니다. 어떤 은유적이거나 시적인 표현도 아닙니다. 이것은 앞으로 반드시 일어날 예수님의 재림의 사실을 기록하고 있는 것입니다.

데살로니가전서 4:13-17에서도 예수님의 재림 때에 일어날 일에 대하여 아주 구체적으로 설명하고 있습니다.

> 형제들아, 자는 자들에 관하여는 너희가 알지 못함을 우리가 원치 아니하노니, 이는 소망 없는 다른 이와 같이 슬퍼하지 않게 하려 함이라. 우리가 예수의 죽었다가 다시 사심을 믿을진대, 이와 같이 예수 안에서 자는 자들도 하나님이 저와 함께 데리고 오시리라. 우리가 주의 말씀으로 너희에게 이것을 말하노니, 주 강림하실 때까지 우리 살아남아 있는 자도 자는 자보다 결단코 앞서지 못하리라. 주께서 호령과 천사장의 소리와 하나님

의 나팔로 친히 하늘로 좇아 강림하시리니, 그리스도 안에서 죽은 자들이 먼저 일어나고, 그 후에 우리 살아남은 자도 저희와 함께 구름 속으로 끌어올려 공중에서 주를 영접하게 하시리니, 그리하여 우리가 항상 주와 함께 있으리라.

이 말씀에서 예수님께서 재림하실 때에 그리스도 안에 있는 우리를 구름 속으로 끌어올려 공중에서 주님을 영접하게 하신다고 하였습니다. 힘이 강한 자석을 갖다 대면 거기에는 많은 것들이 달라붙게 되는데 서로 모양은 달라도 잘 살펴보면 거기에는 쇠붙이 종류만 달라붙어 있습니다. 아무리 사람들이 보석을 좋아하고 황금을 좋아해도 그런 것은 자석에 붙지 않습니다. 이와 같이 이 세상에서 세상 사람들이 그렇게 부러워하고 귀하게 여기던 사람들이 누구든지 간에 그런 것과는 관계없이, 예수님 재림 때에는 오직 거듭난 그리스도인만 구름 속으로 끌어올려져 공중에서 주님을 영접하게 된다고 약속하고 있습니다.

골로새서 3:1-4의 말씀도 예수님의 재림과 연관하여 우리가 기억해야 할 말씀입니다.

> 그러므로 너희가 그리스도와 함께 다시 살리심을 받았으면 위엣 것을 찾으라. 거기는 그리스도께

서 하나님 우편에 앉아 계시느니라. 위엣 것을 생각하고 땅엣 것을 생각지 말라. 이는 너희가 죽었고 너희 생명이 그리스도와 함께 하나님 안에 감추었음이니라. 우리 생명이신 그리스도께서 나타나실 그때에 너희도 그와 함께 영광 중에 나타나리라.

이 말씀 중 특별히 4절에서, 영광의 모습으로 우리 주님께서 재림하실 때에 "너희도 그와 함께 영광 중에 나타나리라"라고 약속하신 것은 얼마나 놀라운 일입니까? 이처럼 가치 있고 확실한 소망을 가진 우리가 해야 할 일은 무엇입니까? 그것은 바로 우리의 관심이 땅엣 것의 가치관에 속한 일에 매여 있지 않고, 위엣 것의 가치관과 관계된 일에 자신을 드리는 삶을 사는 것입니다.

21세기를 맞이하여 우리는 언제나 주님의 다시 오심을 생각하면서 깨어 살아야 합니다. 주님의 재림을 믿고 소망하며 사는 사람은 일상생활을 나태하고 무책임하게 보내게 되는 것이 아니라, 더욱 깨어 자신을 거룩하게 지키고, 많은 사람들에게 덕을 끼치며 사랑을 실천하는 삶을 살아야 합니다. 또한 이 소망을 가진 사람은 당연히, 주님께서 부탁하신 지상사명을 이루는 일에 더욱 열정적으로 드려지는 삶을 살아야 하는 것입니다.

"여호와는 나의 바위시라"라고 한 말씀과 같이, 우리의 견고한 소망이 되시는 주님과 주님의 약속을 항상 기억하면서, 우리의 남은 생애를 죄에서 떠나 성별된 삶을 살며, 주님과 올바른 관계를 유지함으로 승리와 축복된 삶을 누리고, 자기 계발에 힘씀으로 주님께서 쓰실 수 있는 사람으로 성장하며, 또한 하나님의 약속 성취를 실제 삶과 사역에서 경험하는 우리가 되어야겠습니다.

우리가 맞이한 21세기에도 하나님께서 보여 주신 가장 가치 있는 삶에 우리 자신을 열정적으로 드림으로, 항상 영적 활기 가운데 감사와 만족이 차고 넘치는 삶을 살며, 21세기의 하나님의 사명을 이루는 일꾼으로서의 역할을 넉넉히 감당하는 우리가 되어야겠습니다. 그렇게 살 때에 우리에게 주신 세계비전은 막연한 꿈이 아닙니다. 주님께서 우리를 통해 넉넉히 실현하여 주실 것입니다.

이 시대의 가치 있는 삶

초판 1쇄 발행: 2000년 10월 25일
개정 1쇄 발행: 2016년 4월 25일
개정 2쇄 발행: 2020년 7월 28일

펴낸곳: 네비게이토 출판사 ⓒ
주소: 03784 서울시 서대문구 연희로 16 (창천동)
전화: 334-3305(대표), 334-3037(주문) 팩스: 334-3119
홈페이지: http://navpress.co.kr
출판등록: 1973년 3월 12일 제10-111호
ISBN 978-89-375-0517-1 03230

본 출판사의 서면 허락 없이는 본서의 전부 또는
일부의 무단 복제, 또는 원문에 대한 무단 번역을 금합니다.